Susan Zimmermann
Immer mittendrin

re:work. Arbeit global
– historische Rundgänge

herausgegeben von
Andreas Eckert und Felicitas Hentschke

Band 3

Susan Zimmermann

Immer mittendrin

Gewerkschafterinnen und linke Aktivistinnen
zwischen Arbeiterbewegung und Frauenbewegung

Die kleine Buchreihe *re:work. Arbeit global - historische Rundgänge* dient dazu, eine öffentliche Vortragsreihe, die *re:work lectures* des internationalen Forschungskollegs „Arbeit und Lebenslauf in globalgeschichtlicher Perspektive", kurz re:work, an der Humboldt-Universität zu Berlin, zu dokumentieren und für die Arbeitsgeschichte im deutschsprachigen Raum nachhaltig zugänglich zu machen. re:work ist ein für den Zeitraum von 2009 bis 2021 vom Bundesministerium für Bildung und Forschung (BMBF) gefördertes Forschungsprogramm (Käte Hamburger Kolleg).

Internationales Geisteswissenschaftliches Kolleg IGK
International Research Center
Arbeit und Lebenslauf in globalgeschichtlicher Perspektive
Work and Human Lifecycle in Global History

GEFÖRDERT VOM

ISBN 978-3-11-067911-3
e-ISBN (PDF) 978-3-11-067914-4
e-ISBN (EPUB) 978-3-11-067923-6

Library of Congress Control Number: 2020945919

Bibliografische Information der Deutsche Nationalbibliothek
Die Deutsche Nationalbibliothek verzeichnet diese Publikation in der Deutsche Nationalbibliografie; detaillierte bibliografische Daten sind im Internet über http://dnb.dnb.de abrufbar.

© 2021 Walter de Gruyter GmbH, Berlin/Boston
Photographien: re:work Impressionen/Maurice Weiss; Portraits/R. Michael Schuster
Redaktion: Andreas Eckert und Felicitas Hentschke
Lektorat: Felicitas Hentschke, Sebastian Marggraff und Jürgen Schmidt
Interview: Ralf Grötker
Druck und Bindung: CPI books GmbH, Leck

www.degruyter.com

Arbeit global – historische Rundgänge

Als uns das Bundesministerium für Bildung und Forschung (BMBF) Ende 2008 mitteilte, dass das Projekt „Arbeit und Lebenslauf in globalgeschichtlicher Perspektive" als eines der insgesamt zehn Internationalen Geisteswissenschaftlichen Kollegs – später Käte Hamburger Kollegs – zur Förderung angenommen worden sei, ahnten wir noch nicht, dass wir am Anfang eines großen akademischen Abenteuers standen.

Das BMBF hatte uns mit diesem neuen Format die Möglichkeit gegeben, ein innovatives Forschungsprogramm zu entwickeln und jährlich zehn bis fünfzehn Forscher und Forscherinnen aus allen Teilen der Welt einzuladen, um mit uns gemeinsam in Berlin über das Thema „Arbeit" zu diskutieren.

Doch bevor wir die ersten Ausschreibungen verschicken konnten, plagten wir uns mit der Frage, wie man in wenigen Sätzen unser neues Forschungszentrum erklären könnte. Nach langen Gesprächen mit unserem Grafiker sowie Kollegen und Kolleginnen wurde ein „Spitzname" gefunden, der nun international in einschlägigen Zirkeln die Runde gemacht hat – re:work.

In dem Wort re:work stecken unter anderem die drei Begriffe Re-flektion, Revision und Re-imagination: Wir nutzen den Freiraum, der uns gegeben worden ist, um Experimente zu wagen, und neue Wege zu gehen, um über „Arbeit" nachzudenken.

Zunächst einmal: Das Thema „Arbeit" war alles andere als neu, als wir unsere Arbeit mit re:work begannen. Insbesondere von den 1960er bis in die frühen 1980er Jahre war die Geschichte der Arbeit und der Arbeiterbewegung hierzulande ein wichtiges Forschungsthema. Im Zentrum des Interesses stand dabei Deutschland, gegebenenfalls noch der nordatlantische Raum. Die Mehrzahl der Studien handelte vom Aufstieg des Kapitalismus, der Lohnarbeit zu einem Massenphänomen machte, von Industrialisierung und Urbanisierung. Dies ging einher mit der semantischen Verengung des Konzepts Arbeit auf Erwerbsarbeit. Arbeiterbewegungen und Gewerkschaften waren prominente Themenfelder, Arbeiterkultur im weitesten Sinne bildete einen weiteren Schwerpunkt. Zunehmend etablierten sich Genderperspektiven.

In den späten 1980er Jahren hatte Arbeit als Forschungsgegenstand jedoch weitgehend seine Attraktivität verloren. Viel war vom „Ende der Labour History" zu lesen. Mitte der 1990er Jahre kursierte in Historikerkreisen der Witz, wer möglichst wenig Studierende in seinen Seminaren haben wolle, solle sie Freitagnachmittags anbieten, und möglichst zum Thema „Arbeit".

Diese Zeiten sind vorbei. Arbeit ist wieder *en vogue*. Die Finanzkrise 2008 und die Corona-Krise heute, generationelle Konflikte um den Zugang zu Arbeit, der

Aufstieg informeller und prekärer Beschäftigungsverhältnisse auch in den westlichen Industrieländern sowie die durch rapiden technologischen Wandel geprägten Veränderungen der Arbeitswelt sind einige der Bereiche, die gesellschaftliche und akademische Debatten zum Thema Arbeit neu befeuert haben. Und nicht zuletzt mit dem Einzug der Globalgeschichte und dem damit verknüpften neuen Interesse an der nicht-europäischen Welt veränderte sich auch hierzulande der Blickwinkel auf den Forschungsgegenstand.

Vor diesem Hintergrund wurde es möglich, gängige Prämissen in Frage zu stellen und neu auf „Arbeit" zu schauen. Wenn beispielsweise in Afrika nur etwa 14% der Bevölkerung in einem formalen Lohnarbeitsverhältnis stehen, was tun die anderen 86%? Wie müssen wir unsere Fragen stellen, um angemessen auf diese Umstände zu reagieren?

Bei re:work haben wir uns auf die Reise gemacht und Spezialisten und Spezialistinnen zum Thema Arbeit aus dem sogenannten „Globalen Süden" getroffen – von China und Indien über Brasilien, Kenia und Mali, bis nach Tadschikistan und Marokko. Wir haben sie gefragt, wie sie Arbeit definieren, auf welchen Grundannahmen ihre Forschung fußt, welche Quellen sie benutzen, wohin ihre Diskussionen führen.

Es haben sich auf dieser Reise einige Kernthemen herauskristallisiert, welche die Debatten bei re:work bis heute prägen: Arbeit und Nicht-Arbeit, freie und unfreie Arbeit, die kritische Reflexion der Vorstellung von „Normalarbeitsverhältnissen", aber auch die Beziehungen zwischen verschiedenen Lebensphasen und der Arbeit.

Diese Themen werden nicht zuletzt in Forschungskontexten außerhalb der westlich dominierten Forschungslandschaft lebhaft diskutiert werden und prägen zunehmend unser Nachdenken über Arbeit. Diese kleine Buchreihe, eine Sammlung von Vorträgen, die im Rahmen der Vortragsreihe *re:work Lectures* an der Humboldt-Universität zu Berlin gehalten wurden, möchte diese Debatten aufgreifen, einige neuere Ansätze und kritische Perspektiven in der Erforschung von Arbeit vorstellen und auf diese Weise das wissenschaftliche Gespräch, das im Umfeld von re:work seit nunmehr zehn Jahren geführt wird, auf kompakte Weise zugänglich machen.

Andreas Eckert und Felicitas Hentschke

re:work (v.l.n.r.): Felicitas Hentschke (Programmleitung), Jürgen Kocka (Permanent Fellow), Andreas Eckert (Direktor)

Inhalt

Andreas Eckert
Einleitung —— 1

Susan Zimmermann
Immer mittendrin. Gewerkschafterinnen und linke Aktivistinnen zwischen Arbeiterbewegung und Frauenbewegung —— 5

Gesprächsführung: Ralf Grötker
„Sobald die Frauenbewegung sich ‚tunnelmäßig' nur auf die sogenannte Geschlechterfrage konzentriert, öffnet sie dem Gegner Tür und Tor"
Ein Interview mit Susan Zimmermann —— 43

Lebenslauf Susan Zimmermann —— 53

ReM ReM Club —— 58

Käte Hamburger Kollegs —— 59

Buchreihe
Work in Global and Historical Perspective —— 60

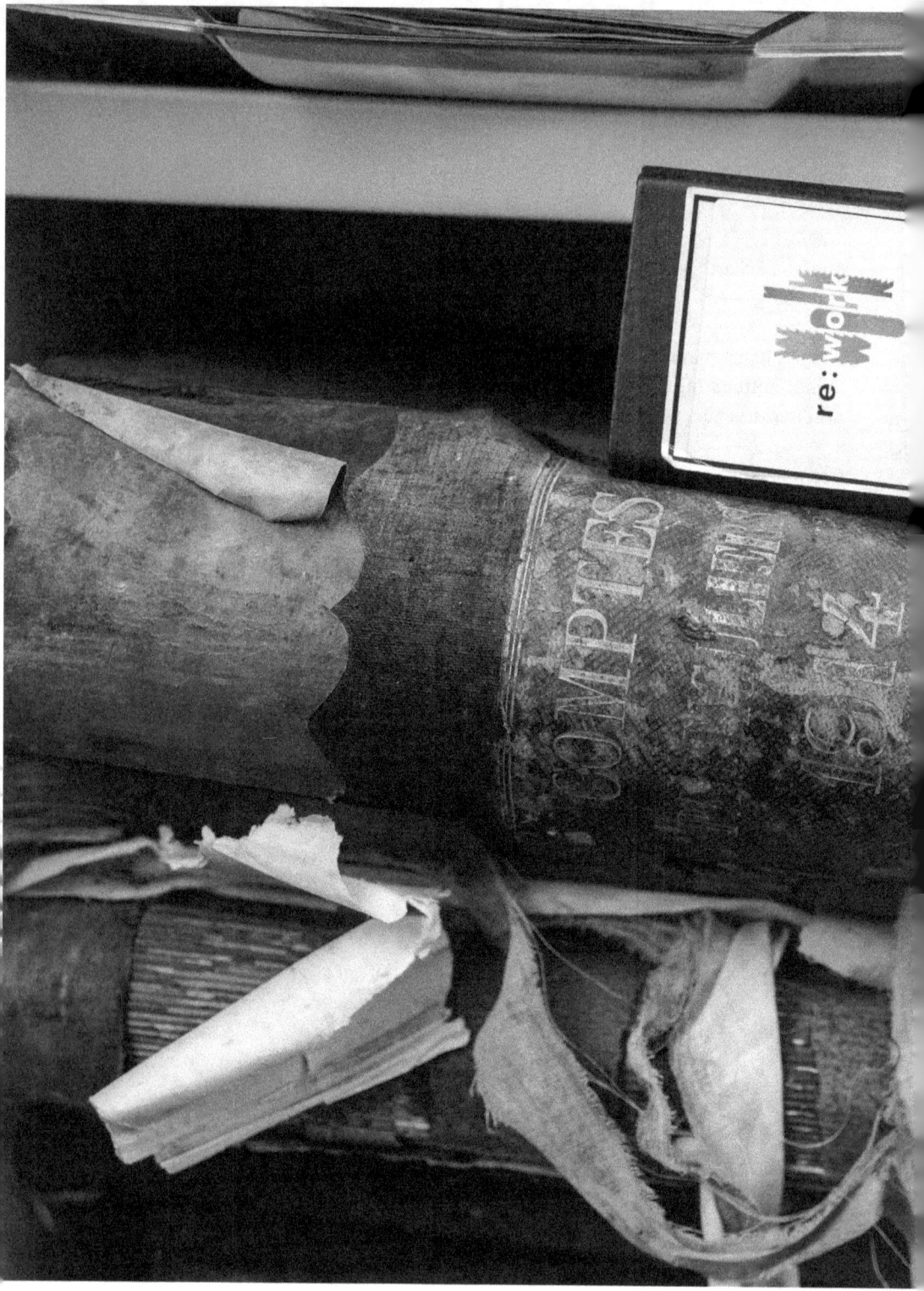
re:work Impressionen 1

Andreas Eckert
Einleitung

Im vergangenen Jahr feierte die in Genf ansässige Internationale Arbeitsorganisation (ILO) ihren hundertsten Geburtstag. Zur Feier gab es neben Lobgesängen auch reichlich Kritik. Allzu gemächlich habe sich die Organisation etwa für jene Bereiche interessiert, in denen in vielen Regionen der Welt die Mehrheit der Arbeitenden tätig sind: in der Landwirtschaft, im Haushalt, im informellen Sektor. So sei die in der Regel wenig sichtbare, unbezahlte, informelle Arbeit von Frauen erst sehr zögerlich in den Blick der ILO gelangt, deren „Standards" und „Konventionen" bisher primär auf den männlichen Erwerbsarbeiter abzielten. Inzwischen entfalten nicht zuletzt Aktivistinnen und Initiativen aus dem „globalen Süden" Druck auf die Organisation, sich endlich der Millionen von Frauen anzunehmen, die bislang außerhalb der formalen Wirtschaft und der Netzwerke sozialer Sicherheit standen. Tägliche Pflege- und Betreuungsarbeiten, überwiegend von Frauen ausgeübt, werden von Ökonomen und der allgemeinen Öffentlichkeit jedoch noch immer oft nicht als „richtige Arbeit" angesehen.

Von Beginn an bezogen die ILO-Abkommen formal zwar die gesamte Arbeiterschaft, unabhängig vom Geschlecht, ein. Aber nur wenige Tätigkeitsbereiche von Frauen – in der Textilbranche und im Plantagensektor – fielen unter das, was die ILO als Arbeit definierte. Und selbst dort wurden sie lediglich Gegenstand spezifischer Schutzmaßnahmen, etwa in Gestalt der Einschränkungen von Nachtarbeit. Die Arbeiterin erschien als ein spezieller Typus innerhalb der Arbeiterschaft, der gezielte Instrumente erforderte, weil bestimmte Aspekte wie Mutterschaft und familiäre Verantwortung ihn vom vermeintlichen Normalfall des männlichen Industriearbeiters und *Breadwinners* unterschied. Diese doppelte Agenda – universelle Standards und spezielle Schutzmaßnahmen – prägten die Politik der ILO bis zum Ende des 20. Jahrhunderts. Und bis heute greift ein Widerspruch in der Perspektive der Organisation, den die amerikanische Historikerin Eileen Boris auf die Formel „Frauen sind Männern gleichgestellt, außer wenn sie anders sind" gebracht hat: Gleiche Behandlung und Sicherheit am Arbeitsplatz, Nicht-Diskriminierung und die Freiheit, einer Gewerkschaft beitreten zu können, änderten nichts daran, jene ungleichen Belastungen zu mindern, die im ILO-Vokabular als „familiäre Verpflichtungen" erscheinen.

Der ILO und insbesondere den Debatten über spezielle Arbeitsschutzmaßnahmen oder rechtliche Beschränkungen für arbeitende Frauen in der Zwischenkriegszeit hat Susan Zimmermann einen beträchtlichen und international breit rezipierten Teil ihres wissenschaftlichen Œuvres gewidmet. In zahlreichen Aufsätzen, wie etwa „Night Work for White Women, Bonded Labour for ‚Native' Women?", legte sie dar, dass das Aufeinanderprallen von formaler rechtlicher Gleichheit und geschlechterspezifischer Arbeitsgesetzgebung als eine Art unbequemer Aushandlungsprozess verstanden werden muss, bei dem jene, die dezidiert die Nachteile von Frauen in der Welt der Arbeit bekämpfen wollten, anderen gegenüberstanden, denen es vor allem darum ging, auf „Klasse" und „Rasse" basierende Benachteiligungen einzudämmen.[1] Ohne die in den 1920er und 1930er Jahren stattfindenden Auseinandersetzungen zwischen Arbeitsreformern und – in der Regel international vernetzten – Frauenorganisationen über angemessene Formen der Frauenarbeit lassen sich, argumentiert Zimmermann, die Entwicklungen und Dilemmata globaler Geschlechterpolitik in den Dekaden nach dem Zweiten Weltkrieg nicht verstehen. Diese Einsicht ist auch zentral für den von ihr mitherausgegebenen grundlegenden Sammelband *Women's ILO. Transnational Networks, Global Labour Standards and Gender Equity, 1919 to Present*, Leiden 2018.

Susan Zimmermann, die nach Promotion in Linz und Habilitation in Wien seit 2003 als Professorin an der *Central European University* in Budapest (und auch in Wien) lehrt, gehört zu den profiliertesten Vertreterinnen der Geschichte der Frauenpolitik und der Ungleichheiten im internationalen System. Sie begann ihre Karriere als Historikerin der Sozialpolitik und Sozialreform in der Habsburgermonarchie. Zu diesem Themenbereich legte sie die umfassende Monografie *Prächtige Armut. Fürsorge, Kinderschutz und Sozialreform in Budapest. Das „sozialpolitische Laboratorium" der Doppelmonarchie im Vergleich zu Wien 1873–1914*, Sigmaringen 1997, vor. Sie hat das Thema aber auch später immer wieder aufgegriffen und mit einem anderen Schwerpunkt verknüpft, beispielsweise der Geschichte der Frauenbewegung, der sie sich zunächst wiederum am ungarischen Beispiel annäherte. In *Die bessere Hälfte? Frauenbewegungen und Frauenbestrebungen im Ungarn der Habsburgermonarchie 1848 bis 1918*, Wien 1999, analysierte sie die Aktivitäten und Ziele der dortigen Frauenvereine in der zweiten Hälfte des langen 19. Jahrhunderts. Ausgangspunkt ihrer Darstellung war die Beobachtung, dass Frauen die sich entwickelnde Markt- und Industriegesellschaft als „Verlust hergebrachter Gewohnheiten und kultureller Gewissheiten, rechtlicher und sozioökonomischer Regelsysteme" erfuhren, sich mithin als „Stiefkind der ‚Modernisierung'" empfanden. Als Reaktion darauf entstand die Frauenbewegung, welche Susan Zimmermann zufolge durch zwei zentrale, sich zuweilen überlappende Strömungen charakterisiert war. Während eine Richtung vor allem danach strebte, Frauen einen eigenen Platz in der sich transformierenden gesellschaftlichen Arbeitsteilung zuzuordnen, stand die andere den progressiv-liberalen und sozialdemokratischen Lagern nahe und zielte mit ihrem Anspruch auf Gleichheit darauf ab, die männliche Sphäre und männliche Privilegien auch für Frauen zu erobern.

---

[1] Zimmermann 2016 (siehe Literaturverzeichnis).

Susan Zimmermann erweiterte in späteren Forschungen nicht nur ihr thematisches, sondern auch geografisches Spektrum und bezog nicht zuletzt Perspektiven des „globalen Südens" systematischer mit ein. Die Geschichte internationaler Politik und Hierarchien wurde zu einem wichtigen Schwerpunkt, der sich etwa in dem substantiellen Aufsatz „The Long-Term Trajectory of Antislavery in International Politics" über die langfristigen Effekte der Anti-Sklaverei-Bewegung seit dem späten 18. Jahrhundert niederschlug.[2] Dabei kam sie zu dem Ergebnis, dass dieser Bewegung bestenfalls eine ambivalente Rolle bei der Infragestellung sozialer Ungleichheit und Hierarchien in den von Sklavenhandel und Sklaverei geprägten Weltgegenden zukam. Allzu oft wurde der Kampf gegen die Unfreiheit zu einem Vorwand, um die vermeintliche zivilisatorische Überlegenheit des Westens zu betonen und etwa die Kolonisierung Afrikas zu legitimieren. In der konzisen Synthese *Grenzüberschreitungen. Internationale Netzwerke, Organisationen, Bewegungen und die Politik der globalen Ungleichheit*, Wien 2010, porträtierte sie das internationale System als eine hierarchische Struktur ungleicher Akteure, in welchem die mächtigen Staaten den schwächeren Staaten ihren Willen aufdrückten, entweder mit militärischen Mitteln oder auf dem Weg internationaler Reformprojekte und Verträge.

Seit Beginn dieses Jahres leitet Susan Zimmermann das umfassende, durch einen ERC Advanced Grant geförderte Projekt ZARAH.[3] Hinter dem Akronym verbirgt sich das Vorhaben, die Aktivitäten von Frauen im Bereich von Arbeit und Arbeitspolitik sowohl in Osteuropa als auch in transnationaler Perspektive von den 1880er Jahren bis zur Jahrtausendwende zu untersuchen. Dezidiert geht es auch darum, Tätigkeiten in den Blick zu nehmen, die nicht im Feld der Lohnarbeit angesiedelt waren und daher oft nicht als „Arbeit" anerkannt wurden. Im Kern soll eine dreifache Marginalisierung in der historischen Forschung korrigiert werden – die Marginalisierung des östlichen Europas, der Kämpfe von Frauen und der Kämpfe der Arbeiterklasse. Frauen aus der Arbeiterklasse sind als zentrale Akteurinnen der Geschichte der Frauen- und der Arbeiterbewegung noch immer kaum präsent. Der folgende Essay greift ebenfalls diese Lücke auf und stellt eine kleine Gruppe international organisierter sozialistischer Gewerkschafterinnen der Zwischenkriegszeit ins Zentrum. Susan Zimmermann verbindet auf höchst innovative Weise die Geschichte des politischen Aktivismus von Frauen mit der Geschichte der Arbeit und unterstreicht nicht zuletzt einen Aspekt, der in einem Teil jüngerer Ansätze zuweilen unterzugehen scheint – die immens politische Dimension von Arbeit.

---

2 Zimmermann 2011.
3 ERC Advanced Grant: ZARAH. Women's Labour Activism in Eastern Europe and Transnationally, from the Age of Empires to the Late 20th Century (2020 – 2025), Central European University (Grant agreement No. 833691).

Susan Zimmermann 1

Immer mittendrin. Gewerkschafterinnen und linke Aktivistinnen zwischen Arbeiterbewegung und Frauenbewegung

Ein Essay über eine kleine Gruppe international organisierter sozialistischer Gewerkschafterinnen und mögliche Wege zu einer integrativen Geschichte des politischen Aktivismus von Frauen

Um die Jahreswende 1924/1925 formierte sich, im Austausch zwischen Gewerkschaftern und Gewerkschafterinnen in Amsterdam, Berlin, Brüssel, Kopenhagen, London und Birmingham, Paris und Lyon, das Frauenkomitee des Internationalen Gewerkschaftsbundes (IGB). Das aus fünf Frauen bestehende Komitee bildete bald den Kern jenes Konglomerats aus Institution und Organisation, moderatem Aktivismus, Forderungspaketen und politischem Handeln, den ich im Folgenden als IGB-Fraueninternationale bezeichnen möchte.

In diesem Essay zeige ich, wie die Geschichte dieses frauenpolitischen Netzwerkes des IGB und verwandter Frauennetzwerke so geschrieben werden kann, dass dies zur Weiterentwicklung des konzeptuellen Rahmens der Erforschung von Arbeiter- und Frauenbewegungen und Arbeiter- und Frauenpolitik beiträgt. Es geht darum, den Horizont der Forschungen über soziale Bewegungen und Politiken, die mit diesen Bewegungen historisch verbunden waren, so zu erweitern, dass alle Spielarten dieser Bewegungen und Politiken unter einem gemeinsamen konzeptuellen Dach begriffen werden können.

Im ersten Abschnitt stelle ich einige Elemente einer ‚entmarginalisierenden' und kritisch-distanzierten Analyse der IGB-Fraueninternationale vor, die diese kleine Gruppe international organisierter Gewerkschafterinnen in den historiografischen Fokus rückt und ihre Rolle für die Geschichtsschreibung zur Arbeiterbewegung und Frauenbewegung unterstreicht.[1]

Im zweiten Abschnitt beschäftige ich mich mit drei überlappenden Problematiken der Forschung zu klassenbezogenen frauenpolitischen Netzwerken und versuche einen Beitrag zur Diskussion darüber zu leisten, wie diese überwunden werden können.

---

[1] Die in diesem Abschnitt angesprochenen historischen Fakten, Zusammenhänge und Interpretationen sind ausführlicher und mit den entsprechenden bibliografischen Angaben dargestellt in: Zimmermann, Susan. In Druckvorbereitung. *Frauenpolitik und Männergewerkschaft.*

Die Geschichte der IGB-Fraueninternationale neu und anders denken

In den Forschungen zur Geschichte der Tätigkeit und des Aktivismus gewerkschaftlich organisierter, frauenpolitisch aktiver Frauen sind mir immer wieder zwei recht unterschiedliche Tendenzen der Argumentation bzw. Darstellungsweise aufgefallen. Auf der einen Seite wird die Politik der Gewerkschafterinnen als zögerlich und ambivalent charakterisiert, wirkliche Durchbrüche habe es erst seit den 1970er Jahren gegeben. Zurückgeführt wird dies unter anderem auf die Verstrickung der Protagonistinnen in die maskulinistische Gewerkschaftspolitik, auf die häufig zu verzeichnende organisatorische Einbindung dieser Frauen in männerdominierte politische Zusammenhänge oder ganz schlicht auf die Macht männlicher Interessen. Die Gewerkschafterinnen hätten in vorauseilendem Gehorsam, oder weil ihnen wenig anderes übrigblieb, Kompromisspolitik gemacht und mit ihren Argumenten (implizit oder explizit) die Wünsche und Politikoptionen männlicher Gewerkschafter mit bedient, um auf diese Weise zumindest ein wenig Einfluss auszuüben.[2] Solche Zusammenhänge hat es gewiss gegeben, und sie sind in die Untersuchung der von Frauen betriebenen gewerkschaftlichen Frauenpolitik unbedingt einzubeziehen.

Auf der anderen Seite wird die Politik sozialistischer Gewerkschafterinnen in der Zwischenkriegszeit oft als unbedingter politischer und persönlicher Einsatz präsentiert, mit dem sich die manchmal nahezu heroisierten Protagonistinnen, entgegen der Widerstände gewerkschaftlicher Führer und Funktionäre, unbeirrbar für die Interessen arbeitender Frauen einsetzten. Wenn etwas erreicht wurde, dann aufgrund des Aktivismus bzw. ausgehend vom Aktivismus dieser gewerkschaftlichen Frauenpolitikerinnen.[3]

Beide Ansätze zur Untersuchung der IGB-Fraueninternationale oder verwandter politischer Netzwerke greifen zu kurz und benötigen eine zweifache Erweiterung. Erstens bedarf es einer tiefergehenden und kritischen Analyse der

---

[2] Die Macht männlicher Interessen wird in verschiedenen bahnbrechenden Studien betont, so zum Beispiel in Boston 2015 [1980]; Kassel 1997; Studer 1999.
[3] Diese Tendenzen standen und stehen damit im Zusammenhang, dass die Geschichte des gewerkschaftlichen Aktivismus von Frauen, die von Mitstreitern, Presse und Historiografie lange Zeit weitgehend ignoriert wurde, überhaupt erst einmal sichtbar gemacht werden sollte bzw. soll. Manchmal spielt auch die Tatsache eine Rolle, dass die betreffenden Arbeiten in einem Naheverhältnis zu gewerkschaftlichen oder gewerkschaftsnahen Institutionen stehen. Viele bis heute unverzichtbare, grundlegende Arbeiten sind nicht frei von den damit angesprochenen Merkmalen; genannt werden können etwa: Lewenhak 1977; Losseff-Tillmanns 1978; Göhring 1998.

Sichtweise der IGB-Gewerkschafterinnen auf die Arbeit von Frauen, und zwar ohne ihnen per se Kompromisslertum und frauenpolitischen Konservatismus oder Unbeirrbarkeit im Einsatz für ‚die' Interessen arbeitender Frauen zu unterstellen. Wie konstruierten die IGB-Gewerkschafterinnen ‚die' Interessen arbeitender Frauen? Wie begründeten sie ihre Positionen? Aus welchen dahinterstehenden eigenständigen politischen Konzepten speisten sich ihre Argumente? Zweitens muss die Analyse in die Geschichte jener enger und weiter gefassten politischen Kontexte und Konstellationen eingebettet werden, innerhalb derer sich die IGB-Gewerkschafterinnen bewegten, um historische Dynamiken und Muster der Weiterentwicklung gewerkschaftlicher Frauenpolitik erklären zu können.

Im Ergebnis können mit einer solchen Analyse zwei bedeutsame Merkmale der politischen Selbstpositionierung der IGB-Fraueninternationale hervorgehoben werden: die grundsätzliche Stoßrichtung der Politik der Fraueninternationale und der Charakter ihrer Auseinandersetzung mit Fragen zur Frauenarbeit und Geschlechterpolitik. Grundsätzlich kämpfte die Fraueninternationale dafür, bezahlte Frauenarbeit zu ‚normalisieren' und aufzuwerten. Außerdem ging es ihr darum, unbezahlte Frauenarbeit, also insbesondere die Sorgearbeit in der Familie, frei von materiellem Druck zu ermöglichen. Dazu konnten Mutterschutzbestimmungen und Kinderbeihilfen, aber auch die Erhöhung von Männerlöhnen einen Beitrag leisten. Mit ihrer Politik der Aufwertung und Ausweitung der bezahlten Frauenarbeit bezogen die IGB-Gewerkschafterinnen Stellung in einer langfristigen, ja, bis heute nicht abgeschlossenen übergreifenden gewerkschaftlichen Auseinandersetzung, die keineswegs nur die Frauenarbeit betraf: Wie sollte man mit neuen und größer werdenden Gruppen von Arbeitskräften umgehen, die unter dem Druck kapitalistischer Expansion und Umstrukturierung, die nicht selten von ‚modernisierenden' (auch: ‚globalisierenden') politischen Regimen unterstützt wurden, auf den Arbeitsmarkt strömten, oder sich in großer Zahl an dessen unregulierten Rändern drängten? Ging es darum, Sperren zu errichten – etwa in Gestalt von Erwerbsbeschränkungen für Frauen oder restriktiver Migrationspolitik – und den Status der traditionellen eigenen Klientel zu verteidigen, auch auf Kosten dieser ‚Anderen', seien es nun einheimische Frauen oder Migranten und Migrantinnen? Oder ging es darum, auf expansive kapitalistische Dynamiken mit solidarischer Integration der ‚Anderen' in die gewerkschaftliche Politik zu reagieren? Die IGB-Fraueninternationale verfolgte unzweifelhaft das Ziel, den Status der ‚Anderen' nach oben anzugleichen, und damit, im Rahmen des ansonsten nicht oder kaum beeinflussbaren kapitalistischen Wandels, den Status von Allen möglichst zu sichern oder zu verbessern. Sie bezog damit klar Position gegen traditionalistische und gegen ambivalente und abwehrende Haltungen auch aus der Mitte der IGB-Gewerkschaften gegenüber Frauenarbeit und

Gleichstellung von Frauen in der Arbeitswelt. Damit stellten sich die IGB-Gewerkschafterinnen auf die Seite jener Kräfte, denen ‚Modernisierung' und in diesem Zusammenhang auch Anpassung von Geschlechterverhältnissen an die kapitalistische Entwicklung, einschließlich der ökonomischen und rechtlichen Besserstellung von Frauen, ein Anliegen war. Innerhalb des eigenen politischen Lagers machten sich die IGB-Gewerkschafterinnen mit ihrem Diskurs zur Normalisierung und Aufwertung der Frauenerwerbsarbeit zum Motor der geschlechterpolitischen Modernisierung der politischen Kultur.

Auch die progressiv-liberalen Frauenorganisationen in dieser Zeit setzten sich für die Anpassung der Geschlechterverhältnisse an die kapitalistische Entwicklung ein und stimmten mit den IGB-Gewerkschafterinnen durchaus überein, wenngleich sie sich in anderer Hinsicht auch stark von ihnen unterschieden. Die IGB-Fraueninternationale stellte sich etwa hinsichtlich der Frage des frauenspezifischen Arbeitsschutzes in aller Schärfe gegen jene politische Doktrin, die vom aufstrebenden und zunehmend international organisierten Feminismus der Rechtsgleichheit der 1920er und 1930er Jahre vertreten wurde. Die Abgrenzung der Gewerkschafterinnen vom Feminismus der Rechtsgleichheit speiste sich bestenfalls in zweiter oder dritter Linie aus einem Kompromiss mit der gewerkschaftlichen Männerwelt. Zentrale Triebkraft war vielmehr der übereinstimmende, ureigenste Blick der großen Mehrheit der IGB-Gewerkschafterinnen auf die Beziehungen zwischen Geschlecht und Klasse in der Politik des Arbeitsschutzes. Die meisten lehnten Geschlechtergleichheit im Arbeitsrecht um den Preis möglicher Rücknahmen bestehender frauenspezifischer Schutzmaßnahmen ab, da dies in klassenpolitischer Sicht einen Rückschritt darstellte. Sie agierten dabei in einem auf doppelte Weise erweiterten politischen Kontext. Zum einen wurden seit den späten 1920er Jahren krisenbedingt Arbeitnehmer- und Arbeitnehmerinnenrechte noch stärker als zuvor angegriffen. Vor diesem Hintergrund musste, so die Befürchtung der Gewerkschafterinnen, jede politische Infragestellung frauenspezifischer Arbeitsschutzregelungen unweigerlich dazu führen, dass, unter dem Mantel der Beförderung von Geschlechtergleichheit im Arbeitsrecht, Arbeitnehmerinnenrechte abgeschafft, und nicht etwa bisherige frauenspezifische Schutzbestimmungen auf Männer ausgedehnt werden würden. Zum anderen reagierten die Gewerkschafterinnen auf den politischen Aufstieg liberaler Konzepte internationaler Geschlechterpolitik, der seit der zweiten Hälfte der 1920er Jahre zu beobachten war. Der Feminismus der Rechtsgleichheit vertrat die Position, dass die rechtliche Gleichstellung von Frauen Vorrang hatte vor allen sonstigen politischen Agenden, und war daher tatsächlich bereit, für die Abschaffung des frauenspezifischen Arbeitsschutzes den Preis von klassenpolitischen Rückschritten im Arbeitsrecht zu bezahlen, die die Gewerkschafterinnen so fürchteten.⁴ Aus der Sicht der Gewerkschafterinnen handelte es sich also um eine unheilige Allianz zwischen wirtschaftlicher Krise, zunehmender Arbeitgebermacht, und dem politischen Credo eines liberalen Feminismus, für den die Angleichung der rechtlichen Stellung von Frauen und Männern vor der Frage nach der klassenpolitischen Besserstellung von Arbeitskräften kam.

Aber auch untereinander waren sich die IGB-Gewerkschafterinnen nicht immer einig. Sie stritten über die Aufwertung der unbezahlten Frauenarbeit und um die arbeits- und sozialpolitische Einbettung von Mutterschaft und weiblicher Sorgearbeit. Es gab unterschiedliche Meinungen, ob die unbezahlte Sorgearbeit ideell aufgewertet und materiell abgesichert werden sollte, um auf diese Weise Frauen – zeitweise – einen Rückzug aus der Erwerbsarbeit zu ermöglichen oder gar aufzudrängen. Die unbedingte Verteidigung des Rechts aller Frauen auf Erwerbsarbeit und die Doktrin der – auch durch entsprechende sozioökonomische Verhältnisse ermöglichten – Wahlfreiheit für die Frauen wurden aber von keiner der Repräsentantinnen der IGB-Graueninternationale angezweifelt. In diesen Forderungen waren sich alle IGB-Gewerkschafterinnen (anders als die im IGB und in vielen Einzelgewerkschaften in verschiedenen Ländern einflussreichen Männer) unverbrüchlich einig. In der Gesamtschau stellte die Vision des Ausbaus und der Verteidigung von Maßnahmen zur Aufwertung und zum Schutz der unbezahlten Frauenarbeit jedenfalls einen Grundpfeiler der Politik der IGB-Graueninternationale dar. Verglichen mit der Politik der Anhebung des Status der weiblichen Erwerbsarbeit, drückte sich in ihrer Haltung zu Fragen der Sorgearbeit gegenüber den Logiken kapitalistischer Entwicklung gewiss ein größeres Quäntchen politischen Eigensinns oder sozioökonomischer Widerborstigkeit aus. Denn eine auch nur annähernd angemessene Bezahlung von Familien- und Sorgearbeit widersprach damals – und widerspricht bis heute – grundsätzlich der Logik kapitalistischen Wirtschaftens.⁵

---

4 Dieses Argument ist ausführlicher dargelegt in Zimmermann 2016.
5 Diese Einsicht speist sich aus feministischen Debatten früherer Jahre zu Hausarbeit und Subsistenzarbeit sowie aus den wissenschaftlichen Arbeiten zu Geschichte und Gegenwart der Sorgearbeit bzw. der sozialen Reproduktion, die seitdem entstanden sind. Es gibt in der Forscherinnengemeinschaft zum Teil tiefgreifende Auffassungsunterschiede hinsichtlich der Frage, wie das Verhältnis zwischen Sorgearbeit und Kapitalismus zu bestimmen sei. Dennoch zeigt die Forschung zusammengenommen, dass die Sorgearbeit – ob sie nun unbezahlt oder schlecht bezahlt geleistet wird – einen unhintergehbaren Bestandteil kapitalistischen Wirtschaftens darstellt, dessen Wert großteils unsichtbar gehalten wird. Eine angemessene Bewertung bzw. Bezahlung dieser Arbeit ist unter den gegebenen wirtschaftlichen und sozialpolitischen Verhältnissen kaum vorstellbar. Als kleine Auswahl von Arbeiten, die verschiedene Stationen, Felder sowie in der Debatte eingenommene Positionen repräsentieren, können Bennholdt-Thomsen 1982, Razavi 2007 und Fraser 2016 genannt werden.

In der männerdominierten Welt der IGB-Gewerkschaften traf unterdessen die Vorstellung, dass Arbeiterfrauen „zuhause bleiben" und sich voll und ganz der Familienarbeit widmen können sollten, auf breite Unterstützung. Anders als die IGB-Gewerkschafterinnen verbanden die männlichen Kollegen mit solch einem Modell keine politische Debatte um eine ideelle und materielle Aufwertung der weiblichen Sorgearbeit. Sie waren in erster Linie am Erhalt der klassischen innerfamiliären Arbeitsteilungen und Hierarchien und am Schutz der Männerarbeit vor billiger Frauenerwerbsarbeit interessiert. Jedoch waren sich beide Gruppierungen, die Frauenpolitikerinnen im IGB sowie die vielen gewerkschaftlich tätigen Männer, mit denen sie zusammenarbeiteten, wiederum darin einig, dass die häusliche Arbeitsteilung und das Privatleben insgesamt nicht der Sphäre des Politischen zugehörig waren. Eine Infragestellung oder gar Revolutionierung der hier vorherrschenden Normen und Realitäten lag außerhalb des eng gefassten Horizonts des Politischen, innerhalb dessen sich die Tätigkeit der IGB-Fraueninternationale entfaltete.

Dieser – aus heutiger Sicht – enge Horizont des Politischen der IGB-Fraueninternationale prägte auch die Art und Weise ihrer Auseinandersetzung mit Fragen der Frauenarbeit und der Frauenpolitik, also ihr Verständnis von Aktion, Organisation und Politik. Die große Mehrheit der Quellen, die die Tätigkeit der IGB-Gewerkschafterinnen oft recht formalistisch dokumentieren, und die wenigen überlieferten persönlichen Dokumente und Erinnerungen, die die Tätigkeit der IGB-Fraueninternationale aus anderer, freierer Sicht beschreiben, zeichnen ein Bild äußerst disziplinierter Verhandlungen disziplinierter Funktionärinnen und Aktivistinnen. Weder das Prozedere, noch Hierarchien und sonstige geschriebene und ungeschriebene Regeln des Gewerkschaftslebens wurden in Frage gestellt. Auch in der Ausdrucksweise mutete die Politik der IGB-Fraueninternationale wenig innovativ, ja, oft auch klassisch-gewerkschaftlich-formelhaft an. Resolutionen und Beschlüsse verbanden wiederholt gängige Versatzstücke gewerkschaftlicher Forderungspolitik in nahezu stereotyper Weise miteinander. In den Diskussionen wurden Begrifflichkeiten, die generell der männerorientierten, und nicht selten direkt einer frauenfeindlichen Gewerkschaftspolitik zugerechnet werden können – so etwa, wenn von der Frauenarbeit als „Schmutzkonkurrenz" die Rede war – offenbar ebenso kritik- wie bedenkenlos verwendet. Und doch verbarg sich unter dieser Oberfläche eine differenzierte, komplexe und kompetente Auseinandersetzung der IGB-Gewerkschafterinnen mit Fragen der Frauenarbeit und Geschlechterpolitik. Viele der Frauen befassten sich, oft über Jahrzehnte hinweg, intensiv mit gewerkschaftlicher und sozialistischer Frauenpolitik, und viele verbanden praktische mit intellektueller Tätigkeit. Sie analysierten die Zusammenhänge zwischen unterschiedlichen Politikbereichen mit großem Interesse am Detail wie an den übergreifenden Perspektiven. Sie setzten sich auch mit den Widersprüchlichkeiten der historischen Wirklichkeit auseinander, die es schwierig machten, eindeutige oder einfache Politiken zu entwickeln. Ihre Forderungen entsprangen diesem Wissen und diesem realitätsbezogenen komplexen Denken.

Diese Reflexionen in ihren eigenen Analysen und Politiken bewahrten die IGB-Gewerkschafterinnen in der Substanz davor, die traditionelle Feindseligkeit und Ambivalenz maskulinistischer Gewerkschaften gegenüber Frauenarbeit zu reproduzieren. Hinter ihrer oftmals formelhaften Anknüpfung an Traditionen maskulinistischer Gewerkschaftspolitik steckte, bei aller Beschränktheit ihrer Politik und all ihren sonstigen durchaus kritisch zu betrachtenden Merkmalen, eine eigenständige Politikvision. Am besten illustriert das vielleicht ihre Grundhaltung, weibliche Familienarbeit und Lohnarbeit stets in einen Zusammenhang miteinander zu stellen. Die IGB-Fraueninternationale erging sich, was die Familienarbeit betraf, eben nicht in faulen Kompromissen mit den patriarchalen Interessen vieler Gewerkschafter. Vielmehr machte sie sich für die ideelle und materielle Anerkennung von Frauenarbeit stark, und sie betonte den hohen Wert, den viele Frauen selbst dieser Arbeit beimaßen. Wenn die IGB-Gewerkschafterinnen für eine aktive Politik des gleichen Lohns für gleiche Arbeit Druck machten, steckte dahinter nicht etwa die Akzeptanz der ambivalenten Haltung vieler Gewerkschafter gegenüber der weiblichen Lohnarbeit. Die Männer unterstützten die Politik des gleichen Lohns, ohne dass sie dies immer offen eingestanden, weil sie sich davon die Zurückdrängung der schlecht bezahlten Frauenarbeit versprachen, denn die Unternehmer, so die Hoffnung, würden Frauen erst gar nicht mehr einstellen, wenn sie besser bezahlt werden mussten. Den IGB-Gewerkschafterinnen dagegen ging es grundsätzlich darum, dass eine Politik des gleichen Lohns zur allgemeinen Anhebung des Lohnniveaus beitragen konnte, und dass dies – und, was die Mehrheit des IGB-Frauenkomitees betraf: nur dies – die Voraussetzung dafür schaffen würde, dass proletarische Frauen und Frauen der unteren Sozialschichten überhaupt tatsächlich frei entscheiden konnten, ob und in welcher Form sie sich der Erwerbsarbeit widmeten. Dass das Ziel der Anhebung des Lohnniveaus nur durch die massenhafte Organisierung auch der Frauen in den Gewerkschaften, also durch eine – wie auch immer traditionalistisch definierte – soziale Bewegung von unten erreicht werden konnte, verstand sich dabei für die IGB-Gewerkschafterinnen von selbst.

Diese Einsichten helfen, zu stark vereinfachende, tradierte Bewertungen der Geschichte von Frauennetzwerken innerhalb männerdominierter sozialistisch-sozialdemokratischer Gewerkschaften zu überdenken. Gängige Wahrnehmungsweisen tendieren dazu, diese Geschichte als eine politische Reise zu fassen, an deren Anfang eine zögerliche, ambivalente, bruchstückhafte oder konservative Politik stand, die sich erst im Laufe der Zeit in eine selbstbewusste, couragierte und wahrhaft umfassende Vertretung der Interessen arbeitender Frauen transformierte.[6] Aber trotz der untergeordneten Stellung der frauenpolitisch aktiven Gewerkschafterinnen im hierarchischen Apparat des IGB zur damaligen Zeit, und ungeachtet des traditionalistischen Politikstils der IGB-Fraueninternationale, zeigt eine eingehendere Untersuchung der Facetten ihrer politischen Selbstpositionierung, dass die Geschichte der Fraueninternationale nicht auf das Offenkundige zu reduzieren, sondern weitaus komplexer ist: Die IGB-Fraueninternationale erscheint nicht mehr schlicht als schwache Vorgängerin eines „gewerkschaftlichen Feminismus", der sich erst Jahrzehnte später, im Rahmen des Siegeszuges sozialdemokratischer Reformpolitik und in Auseinandersetzung mit der zweiten Frauenbewegung, voll entfaltete. Vielmehr entwickelten die IGB-Gewerkschafterinnen in der Zwischenkriegszeit ein politisches Programm, das, im Rahmen des eingangs beschriebenen reformistischen Paradigmas ihrer Politik, zentrale Dimensionen der Arbeit und des Lebens von Frauen der unteren Sozialschichten in den Blick nahm, und auf demokratische und geschlechterpolitisch begründete Rechte und materielle Besserstellung zielte.

Diese Politik der IGB-Fraueninternationale entfaltete sich vor dem Hintergrund ihrer extrem schwachen Stellung im Rahmen des IGB-Apparates.[7] Dies hatte immer wieder sichtbare Folgen. Die IGB-Fraueninternationale im Ganzen konnte weder über ihre Zusammenkünfte noch über die eigenen Agenden und Schwerpunktsetzungen autonom entscheiden. Wiederholt stießen die IGB-Gewerkschafterinnen an enge Grenzen, die die IGB-Führung und die IGB-Nationalverbände ihren Initiativen setzten. Abwehr gab es insbesondere dann, wenn die Frauen von den Männern aktives, tatsächliches Engagement für Frauenangelegenheiten forderten. Blickt man auf die IGB-Fraueninternationale nur aus

---

6 Diese Tendenz findet sich zum Beispiel auch in der wichtigen Arbeit von Cobble 2005, die auf die Zeit nach 1945 und ausschließlich auf die USA fokussiert und die Bestrebungen von und für die Massen der erwerbstägigen Frauen in der Zwischenkriegszeit in reduzierter Weise wahrnimmt. Unter Einbeziehung des gesamten 20. Jahrhunderts und mit Blick auf Aktivismen weltweit argumentiert Cobble (in Druckvorbereitung) dagegen ganz anders.

7 In der Forschung wird diese Tatsache immer wieder betont. Gemeinsam mit dem allgemeinen Verweis auf die Probleme, die sich aus der Organisation im männerdominierten IGB ergaben, gilt sie als eine der zentralen Ursachen für die behauptete historische Bedeutungslosigkeit bzw. beschränkte Relevanz der IGB-Fraueninternationale. Die damit angesprochenen Einschätzungen finden sich in der Regel in Arbeiten, die sich nur am Rande mit der IGB-Fraueninternationale befassen, darunter Publikationen, die auf den Internationalen Arbeiterinnenbund, die Vorgängerorganisation der IGB-Fraueninternationale, fokussieren, sowie klassische Überblicksdarstellungen. Genannt werden können Price 1947 [1945], Miller Jacoby 1976 und Vapnek 2012. Die einzige mir bekannte forschungsbasierte (Überblicks-)Darstellung der IGB-Fraueninternationale bietet van Goethem 2006 im Kapitel „,Seeking Problems.' The Women's Division of the IFTU".

dieser Perspektive, dann erscheint sie tatsächlich als eine Art gewerkschaftsgeschichtliche Marginalie.

Der Gesamtbefund ändert sich aber vor allem dann, wenn man den Kontext der Genfer internationalen Organisationen, also der Internationalen Arbeitsorganisation (ILO) und des Völkerbundes, und der auf beide gerichteten Politiken von Frauenorganisationen und Arbeiterbewegung mit einbezieht. Kam den eigenständigen internationalen Frauenorganisationen auf dem Genfer Parkett der internationalen Politik in vieler Hinsicht der Status von Bittstellerinnen zu, so waren die IGB-Gewerkschafterinnen Bittstellerinnen innerhalb der eigenen Organisation – des IGB. Zugleich aber fungierte der IGB – anders als die Frauenorganisationen – in Genf als höchst offizieller Teilhaber bzw. vergleichsweise deutlich höherrangiger Partner, denn er stellte die stärkste Fraktion der Arbeitnehmervertreter in der drittelparitätischen ILO. Die IGB-Gewerkschafterinnen nutzten gezielt diesen Status des IGB, um innerhalb der ILO und im Völkerbund ihre, natürlich stets mit der IGB-Führung akkordierte Politik zu machen. Dieser bedeutsame Bereich der Aktivitäten der IGB-Fraueninternationale wurde in der Forschung bislang de facto ausgeblendet. Dies hängt in erster Linie damit zusammen, dass (auch) die neue Forschung zur internationalen Geschichte von sozialen Bewegungen, Völkerbund und ILO bislang die doppelte historische Marginalisierung sozialistischer Frauen historiografisch fortgeschrieben hat: Die Forschung, die auf die internationale Arbeiter- und Gewerkschaftsbewegung fokussiert, befasst sich kaum mit den Frauen in diesen Organisationen oder mit deren Frauen- und Geschlechterpolitik. Die Forschung, die sich mit den international aktiven Frauennetzwerken befasst, rückt in hohem Maße die autonomen nichtsozialistischen Frauenorganisationen in den Vordergrund.[8] Die IGB-Gewerkschafterinnen kämpften in den 1930er Jahren auf dem politischen Parkett von Genf dagegen an, dass dort eine neue, verallgemeinerte internationale Frauenpolitik etabliert werden würde, die ausschließlich auf die Geschlechterfrage schaute. Der oben erwähnte Feminismus der Rechtsgleichheit spielte für diese Bestrebungen eine bedeutsame Rolle. Aus der Sicht der IGB-Gewerkschafterinnen stellte eine internationale Frauenpolitik, der es ausschließlich um Geschlechtergleichheit zu tun war, die Legitimität der internationalen Konventionen der ILO zum frauenspezifischen Arbeitsschutz und damit die Verbindung von Geschlechterpolitik mit progressiver Klassenpolitik in Frage.

---

[8] Als Beispiele können, stellvertretend für eine ganze Reihe von Arbeiten, die beiden Bände Sluga & Clavin 2017 und Weiss 2017 genannt werden. Als Ausnahme muss Franzaway & Fonow 2011 erwähnt werden.

Allerdings befand sich die IGB-Fraueninternationale hier in der politischen Defensive. Es konnte ihr nur darum gehen, in Kooperation mit der ILO, Aspekte des international verankerten frauenspezifischen Arbeitsschutzes gegenüber dem aufsteigenden Paradigma der Geschlechtergleichheit im internationalen Recht abzusichern. Im Ergebnis dieser politischen Auseinandersetzungen wurde die Thematik des frauenspezifischen Arbeitsschutzes in der aufsteigenden Genfer Frauenpolitik der 1930er Jahre politisch zunehmend eingehegt bzw. im Rahmen der sich verallgemeinernden Doktrin der Geschlechtergleichheit zu einer Art Spezial- oder Einzelfrage heruntergestuft. Die darin angelegte strikte politische Trennung des Dogmas der rechtlichen Gleichstellung der Geschlechter von allen Bestrebungen zur Besserstellung der unteren Bevölkerungsschichten sollte, nach der Auseinandersetzung der 1930er Jahre, in denen die IGB-Fraueninternationale eine nicht unbedeutende Rolle spielte, die dominante internationale Politik ab 1945 prägen. Es gab und gibt bis heute in den vorherrschenden Rechtsdoktrinen der Geschlechtergleichheit keine Schutzvorkehrung, die verhindern würde, dass die Gleichstellung von Männern und Frauen um den Preis der Rücknahme frauenspezifischer Arbeitsschutzbestimmungen erreicht werden kann. Dies zeigte sich am Ende des 20. Jahrhunderts in der Reform der Nachtarbeitsbestimmungen in den Ländern der Europäischen Union. Der Europäische Gerichtshof EuGH befand in einem Urteil vom 25. Juli 1991 ein grundsätzliches Frauennachtarbeitsverbot für gleichheitswidrig. Laut EuGH verletzt ein solches Verbot die EWG/EU-Gleichbehandlungsrichtlinie von 1976 zur Verwirklichung des „Grundsatz[es] der Gleichbehandlung von Männern und Frauen hinsichtlich des Zugangs zur Beschäftigung, zur Berufsbildung und zum beruflichen Aufstieg sowie in Bezug auf die sonstigen Arbeitsbedingungen". Mitgliedsstaaten der Union sowie Bewerber um die Mitgliedschaft, die die entsprechenden Konventionen der ILO (von 1919, 1934 und 1948) ratifiziert hatten, mussten sich nach dem Urteil des EuGH dazu verpflichten, aus diesen Übereinkommen auszutreten. Vielerorts wurden in Folge dessen sehr begrenzte und ‚flexible' geschlechtergleiche Neuregelungen eingeführt. In keinem der Länder kam es zu einer Einbeziehung von Männern in die in den früheren ILO-Konventionen festgelegten weitreichenden Nachtarbeitsverbote. Bis heute haben nur sieben – durchwegs kleine – Mitgliedsstaaten der heutigen EU das neue Übereinkommen der ILO zur Nachtarbeit von 1990 (C171) ratifiziert, obwohl auch diese Konvention weit davon entfernt ist, rigorose Einschränkungen der Nachtarbeit für beide Geschlechter festzuschreiben.

Doch zurück in die 1930er Jahre. In Genf wurden, gegen den Widerstand der IGB-Gewerkschafterinnen und wichtiger Kräfte in der ILO, zu diesem Zeitpunkt Entwicklungen hin zu einer internationalen Geschlechterpolitik in Gang gesetzt, die allein auf das Paradigma der Geschlechtergleichheit setzte, und die Geschlechterpolitik von der Klassenpolitik abtrennte. Nach wiederholten, erbitterten politischen Auseinandersetzungen konnten Frauenpolitikerinnen innerhalb der ILO die dadurch entstandene Krise der von der ILO verfolgten Politik der Frauenarbeit überwinden. Seit Mitte der 1930er Jahre setzten sie sich nicht ohne Erfolg dafür ein, dass sich in der ILO nunmehr die Vision einer fortschrittlichen Klassenpolitik mit einer erweiterten Politik der Geschlechtergleichheit verband.[9] Hatten die IGB-Gewerkschafterinnen in den späten 1920er und den frühen 1930er Jahren auf dem politischen Parkett von Genf an der Verteidigung des frauenspezifischen Arbeitsschutzes im internationalen Recht einen sichtbaren Anteil gehabt, blieben sie bei diesen, in der Folge einsetzenden Entwicklungen außen vor. Dies hatte nicht zuletzt damit zu tun, dass sich die IGB-Führung der Vertretung dieser Interessen ihrer Fraueninternationale und jeder Unterstützung von entsprechenden Aktivitäten, die diese Frauen anstrebten, versperrte.

Die IGB-Gewerkschafterinnen rebellierten zu keinem Zeitpunkt in formell dokumentierter und damit potenziell öffentlicher Weise gegen ihre untergeordnete Stellung im IGB. Sie enthielten sich außerdem offener Kritik an der institutionellen und politischen Marginalisierung von ‚Frauenfragen' und der Voranstellung maskulinistischer Interessenspolitik im IGB. Was die eigene politische Herangehensweise, die eigenen politischen Zielsetzungen betraf, waren die IGB-Gewerkschafterinnen dagegen konsequent und bestimmt. Insbesondere um die Wende zwischen den 1920er und den 1930er Jahren und Mitte der 1930er Jahre bemühten sie sich verstärkt darum, ihrer eigenen Stimme und den eigenen Forderungen vermehrt Gehör zu verschaffen. In der Gesamtschau ging es ihnen darum, geschlechter- und klassenspezifische Interessen der weiblichen Arbeitskräfte, so wie sie diese verstanden, innerhalb der Welt der IGB-Gewerkschaften und der Forderungspolitik des IGB zu verankern, zusammenzuspannen, und auf die politische Bühne von Genf zu tragen. Es verdankte sich mehreren Gründen, dass die IGB-Fraueninternationale bereit war, ihre Politik unbeirrbar auf der Basis einer schwachen institutionellen Stellung im Rahmen einer derart männerdominierten und maskulinistischen Organisation wie der IGB es war, zu verfolgen. Eine wichtige Rolle spielte gewiss die Tatsache, dass die IGB-Gewerkschafterinnen den IGB als die große und politisch richtige Weltorganisation der Werktätigen wahrnahmen, und dass dieser Organisation auf dem Parkett von Genf, und zwar nicht nur in der ILO, sondern auch dort, wo es um die Kooperationspolitiken des Völkerbundes in Frauenfragen ging, eine wichtige und gesicherte Stellung zukam.[10] Eine eigenständige internationale gewerkschaftliche Frauenorganisation wie der *Internationale Arbeiterinnenbund* (International Federation of Working Women,

---
9 Thébaud 2017; Zimmermann 2019.
10 Zur Beziehung zwischen ILO und IGB siehe van Goethem 2006, Kapitel 4.

1919–1924), der in gewisser Weise eine Vorläuferorganisation der IGB-Fraueninternationale darstellte, hätte eine vergleichbare Funktion sicherlich nicht ausfüllen können. Eine solche Organisationsform passte auch mit der Vision der massenhaften gewerkschaftlichen Organisierung proletarischer Frauen und Männer als unhintergehbare Vorbedingung jeder weitreichenden sozialen Reform zugunsten der unteren Bevölkerungsschichten nicht zusammen. Unzweifelhaft fest stand außerdem, dass die IGB-Gewerkschafterinnen die klassenspezifischen Elemente ihrer Politiken für die arbeitenden Frauen der unteren Sozialschichten in keiner der autonomen internationalen nichtsozialistischen Frauenorganisationen der Zwischenkriegszeit substanziell und auch nach außen hin hätten verfolgen können. Es lässt sich also festhalten, dass für international aktive sozialistische Gewerkschafterinnen sowohl in den Reihen der international organisierten nichtsozialistischen Frauenbewegung wie auch in der international organisierten sozialistischen Gewerkschaftsbewegung ein marginaler Status und marginale Betätigungsmöglichkeiten vorgesehen waren.

Das IGB-Frauenkomitee, Paris, Grand Palais (Westflügel, heute Palais de la Découverte), Ende Juli 1927. *Von links nach rechts:* Gertrud Hanna, Henriette Crone, Jeanne Chevenard, Julia Varley, Hélène Burniaux sowie in Vertretung des IGB Johannes Sassenbach. © Roger-Viollet

Im folgenden Abschnitt lege ich einige konzeptuelle Überlegungen zu der Frage vor, wie die Forschung damit beginnen kann, die Geschichte von politischen Gruppierungen wie der IGB-Fraueninternationale, ungeachtet dieser historischen Marginalisierung und jenseits von ererbten historiografischen Marginalisierungen, angemessen zu analysieren.

Geschlecht und Klasse vom Rand ins Zentrum

Für die angemessene Analyse historisch marginalisierter Gruppen begreife ich die IGB-Fraueninternationale als Teil eines größeren, historischen Kontexts bzw. als Beispiel für eine größere, jedoch zugleich klar umgrenzte Gruppe von historischen Akteurinnen, die es vom Rand ins Zentrum zu rücken gilt. Klar umgrenzt ist diese Gruppe insofern, als es sich um Akteurinnen handelte, die es sich zur erstrangigen Aufgabe machten, ihre Tätigkeiten und Aktionen zugunsten von Frauen der unteren Sozialschichten ins Zentrum ihrer Aktivitäten zu rücken. Sie bemühten sich darum, in systematischer Weise Klasse und Geschlecht, bzw. konkret die Verbesserung der klassenspezifischen Position dieser Frauen sowie die Verbesserung ihrer Position im Vergleich zu und gegenüber von Männern, zu zentralen Anliegen zu machen. Verkürzt gesagt, haben wir es hier mit Feministinnen-Sozialistinnen oder Sozialistinnen-Feministinnen zu tun, von denen sich die meisten selbst niemals als Feministinnen bezeichnet hätten, und deren Politik in Theorie und Praxis auf die Frauen der inklusiv definierten Arbeiterklasse fokussierte.[11] So gesehen war die IGB-Fraueninternationale keine vollkommen isolierte Einzelerscheinung, sondern Teil eines breiteren Spektrums politischer Akteurinnen. Dazu gehörten nicht nur sozialistische Gewerkschafterinnen, sondern etwa auch Kommunistinnen. Der Aktionsradius dieser Akteurinnen beschränkte sich nicht auf die gewerkschaftliche Tätigkeit. Er schloss Aktivitäten in der Genossenschaftsbewegung, in einer Partei oder auch in einem Frauennetzwerk ebenso mit

---

11 Die Geschichte der sozialistisch-feministischen oder feministisch-sozialistischen Tradition umspannt den Zeitraum vom 19. Jahrhundert bis heute. Eine sinnvolle Einführung und begriffliche Klärung bietet Holmstrom 2002a. Der Band Holmstrom 2002b, in dem diese Einführung enthalten ist, bringt einen Abschnitt „Foremothers/Fathers", der Originalzitate aus der Zeit seit 1825 wiedergibt, und versammelt zahlreiche in den letzten Jahrzehnten erschienene grundlegende Studien. Veröffentlicht wurde dieser Band in einer Zeit der Flaute der feministisch-sozialistischen oder sozialistisch-feministischen Tradition, die den Zeitabschnitt um die Wende vom 20. zum 21. Jahrhundert kennzeichnet. In jüngerer Zeit sind eine Reihe von Arbeiten erschienen, die es sich zur Aufgabe machen, das historische Wissen um diese Tradition zu vertiefen und zu erweitern, so zum Beispiel Sangster 2014.

ein wie gemischtgeschlechtliche und frauenspezifische Organisationsformen innerhalb und außerhalb des Staates und seiner Institutionen, von denen aus die Akteurinnen handelten. Wenn ich im Folgenden auf den damit umschriebenen größeren Kreis von Akteurinnen Bezug nehme, werde ich, in der Absicht, verengende oder einseitige Begrifflichkeiten zu vermeiden, von den hier in Rede stehenden Akteurinnen als *Akteurinnen* sprechen. Dabei beziehe ich grundsätzlich auch jene Frauen mit ein, die es sich ungeachtet der eigenen abweichenden sozialen Herkunft zur Aufgabe machten, die – wie auch immer politisch gefassten – Klassen- und Geschlechterinteressen der *Akteurinnen* gemeinsam politisch zu vertreten. Von *Tätigkeit und Aktion* spreche ich (dito) in der Absicht, einschränkende Begriffe wie etwa jenen der sozialen Bewegung oder des Staatsfeminismus zu umgehen. Außerdem soll dieser Doppelbegriff Organisationsform und Politik der Akteurinnen erfassen, und ich möchte einseitige Begriffe wie etwa jenen des Aktivismus (der beispielsweise den verberuflichten Feminismus nicht selbstverständlich abbildet) vermeiden.

Frauennetzwerke wie die IGB-Fraueninternationale und die sonstigen Netzwerke der *Akteurinnen* können, in einem bildhaften Vergleich, als Mosaiksteine an der Schnittstelle der Geschichte von Arbeiter- und Frauenbewegungen gekennzeichnet werden. Um ihre Geschichte angemessen schreiben zu können, gilt es, einige (implizit und explizit verwendete) Vorannahmen und Konzepte, die in der Forschung bislang eine tragende Rolle gespielt haben, zu verändern und zu erweitern. Durch die kritische Bearbeitung dieser Problematiken kann ein übergreifender konzeptueller Rahmen geschaffen werden, in dem *Tätigkeit und Aktion* von Frauen für die Belange von Frauen, wie sie sich historisch seit dem 19. Jahrhundert, sei es im Rahmen der Arbeiter- oder der Frauenbewegung, entfaltet haben, gefasst werden können.

Ich habe bereits erwähnt, dass es (auch) in der neueren Forschung zur Geschichte des Internationalismus, einschließlich der internationalen Arbeiter- und Frauenbewegungen, die Tendenz gibt, die historische Marginalisierung der *Akteurinnen* historiografisch fortzuschreiben. Doch dieser Zusammenhang allein erklärt das historiografische Phänomen nicht. Im Rahmen meiner Auseinandersetzung mit der Geschichte der IGB-Fraueninternationale habe ich mich immer wieder gefragt, welche spezifischen Gründe es dafür geben mag, dass die Frauen- und Geschlechtergeschichte einerseits, und die Geschichte der Arbeit und der Arbeiterbewegung andererseits, jeweils einschließlich der neuen, stärker international oder transnational ausgerichteten Arbeiten, manche der Gruppen von *Akteurinnen* so stiefmütterlich behandelt. Die politische und historiografische Konjunktur der 1970er und 1980er Jahre, aus der die Frauen- und Geschlechtergeschichte entstand, habe ich als eine erste Problematik, die dafür verantwortlich zeichnet, ausgemacht. Insbesondere in ihren frühen Jahren, und erneut in jüngster Zeit, hat diese Forschung zwar durchaus nachdrückliches Interesse an der Geschichte von Frauen der unteren Sozialschichten gezeigt und dabei sowohl die Kategorie Geschlecht wie auch die Kategorie Klasse berücksichtigt.[12] Dennoch scheinen bestimmte Merkmale der damaligen historischen und historiografischen Konjunktur bis heute gerade in den Forschungen zu Geschichte von *Tätigkeit und Aktion* von Frauen zugunsten von Frauen in besonders nachdrücklicher Weise fortzuwirken. Die Frauen- und Geschlechtergeschichte, die damals entstand, war dadurch charakterisiert, dass sie Geschlecht als übergreifende und selbstständige Kategorie der historischen Analyse etablierte.[13] Dabei war sie von einem breiteren politischen Umbruch angetrieben, nämlich der Entstehung der (oft so bezeichneten) zweiten oder neuen Frauenbewegung in Abgrenzung zur alten und neuen, männerdominierten Linken. Die neue Frauenbewegung, die die Entwicklung der Frauen- und Geschlechtergeschichte anstieß und vorantrieb, konstituierte sich (unter anderem) als Kritik der klassischen Arbeiter- wie auch der Studentenbewegung und setzte sich zugleich eine gesamtgesellschaftliche Emanzipation, eine umfassende Befreiung zum Ziel. Ihre Politik beruhte auf dem Prinzip der Autonomie. Gemeint war damit die von Parteien und linken Gruppen unabhängige Organisierung, die als Voraussetzung dafür galt, weibliche Fremdbestimmung zu überwinden. Diese autonome Organisierung der Frauen wurde als Vorwegnahme oder Entfaltung neuer, alternativer Formen der Vergemeinschaftung von unten begriffen.[14] Sowohl in der neuen Frauenbewegung wie in der entstehenden Frauen- und Geschlechtergeschichte entfaltete sich die Kritik an der alten und der neuen Linken zentral als Kritik an der politischen und analytischen Vorrangstellung des Konzepts der Klasse.[15] In deren Theorie wie auch in der Geschichtsschreibung zur Arbeiterbewegung, wie sie sich im 20. Jahrhundert durchaus etabliert hatte, stand die Kategorie der Klasse – auch konzeptuell – im

---

12 Zum Einstieg und Überblick eignen sich Milkman 2013 [1985] und Frader & Rose 1996.
13 Einen Überblick bietet Bock 1989.
14 Studer 2011; Schulz 2002.
15 In Deutschland konkurrierten hier recht unterschiedliche Traditionen. Erwähnt werden können die Arbeiten von Jürgen Kuczynski, der bereits in den Jahren unmittelbar nach dem Zweiten Weltkrieg zum Thema publizierte, und dessen Arbeiten dann in der zwischen 1961 und 1971 erschienenen 20-bändigen Reihe „Geschichte der Lage der Arbeiter in Deutschland von 1789 bis zur Gegenwart" zu Standardwerken kanonisiert wurden. Als erster Band erschien Kuczynski 1961. (Eine nachfolgende Reihe beschäftigte sich mit Entwicklungen außerhalb von Deutschland.) In der BRD kam der Reihe „Geschichte der Arbeiter und der Arbeiterbewegung in Deutschland seit dem Ende des 18. Jahrhunderts" eine ähnliche Stellung zu, hier eröffnete der Band Kocka 1990 den Reigen.

Mittelpunkt.[16] Vor den 1970er Jahren existierte keine Geschichtsschreibung, die die Kategorie Geschlecht in ähnlicher Weise systematisch in den Vordergrund gestellt hätte, wie dies bei der Geschichte der Arbeiterbewegung und ihrer Konzentration auf die Kategorie Klasse der Fall war. Erst die entstehende Frauen- und Geschlechtergeschichte konzeptualisierte Geschlecht als übergreifende und selbstständige Analysekategorie. Sie tat dies, eben weil sie aus einer sozialen Bewegung mit umfassendem emanzipatorischem Anspruch heraus entstand, nicht gegen die Kategorie Klasse, sondern gegen die Dominanz der Kategorie Klasse. Damit hatte sie Anteil am Übergang zu einer neuen historiografischen Konjunktur.[17]

Der so zu umschreibende politische und historiografische Kontext beeinflusste die entstehende Frauen- und Geschlechtergeschichte mit Blick auf die Konzeptualisierung weiblicher Handlungsmacht und auf Formen der Organisation und Politik von Frauen für die Belange von Frauen. Betrachtet man die IGB-Fraueninternationale, gleichsam als Experiment, durch die Brille der neuen Frauenbewegung, erscheint sie in mehrfacher Hinsicht defizitär: ihr Politikbegriff, (damit nicht unverbunden) ihre Agenda und ihre organisatorische Form, und die Handlungsmacht der IGB-Fraueninternationale. Ihren Politikbegriff teilte die IGB-Fraueninternationale mit der alten Linken. Deren Politik war an den Staat und seine Institutionen gerichtet und wollte beide reformieren. Die IGB-Fraueninternationale entfaltete ihre Tätigkeit im Rahmen einer gemischtgeschlechtlichen, männerdominierten, zutiefst maskulinistischen Organisation. So manches Mitglied stand sogar eigenen institutionalisierten Strukturen für die Frauenpolitik innerhalb von gemischtgeschlechtlichen Gewerkschaften, wie eben jenen der Fraueninternationale im Rahmen des IGB, kritisch gegenüber. Es zählte keinesfalls zum politischen Repertoire der Repräsentantinnen der IGB-Fraueninternationale, Männerdominanz in der sozialen Bewegung infrage zu stellen und die

---

16 Einen guten Überblick über die Entwicklung und Institutionalisierung des Feldes bieten van Voss & van der Linden 2002. Hervorzuheben sind hier insbesondere die Einleitung aus der Feder der Herausgeber sowie einige zusätzlich im Band enthaltene Überblicksinformationen.

17 Vertreterinnen und Vertreter des *linguistic turn*, der *postcolonial studies* und der neuen feministischen Geschichtsschreibung waren sich, auch innerhalb des jeweils eigenen ‚Lagers', durchaus uneins, wie es mit dem sozialgeschichtlich zentralen Konzept der Klasse, insbesondere was die Geschichte der Arbeit und der sozialen Bewegungen anging, denn nun konkret weitergehen sollte. Im Effekt aber wurde die Forschung, die diesen drei ‚Lagern' zugeordnet werden kann, in den Übergang zu einer neuen historiografischen Kultur hineingezogen. In einer viel zitierten Wendung hat Stuart Hall (1996) diesen Übergang als „massive, gigantic and eloquent disavowal," also als ein massives Abrücken nicht nur vom „deterministic economism" der alten Sozialgeschichte, sondern von der Berücksichtigung ökonomischer Verhältnisse überhaupt beschrieben.

kollektive Selbstermächtigung von Frauen, ausgehend von im Frauenkreis erarbeiteter Kritik (auch) an den realen Beziehungen zwischen Frauen und Männern in Politik und Privatsphäre, anzustreben. Schließlich war die Handlungsmacht, die *agency*, der IGB-Gewerkschafterinnen im Rahmen der Organisation, innerhalb derer sie sich bewegten, ganz offenkundig massiv eingeschränkt, und ihre *Tätigkeit und Aktion* erscheinen als in beträchtlichem Maße fremdbestimmt.

Gilt dieser, hier experimentell zugespitzte oder überspitzte Befund auch für andere Frauennetzwerke, die zum Kreis der *Akteurinnen* zu zählen sind? Für das Netzwerk der Gewerkschafterinnen im staatssozialistischen Ungarn, mit denen ich mich im Rahmen meines neuen Forschungsvorhabens ZARAH[18] befasse, trifft dies auf jeden Fall zu. Die Plattform, von der aus dieses Frauennetzwerk seine *Tätigkeit und Aktion* entfaltete, war der ungarische Gewerkschaftsbund, der eine mit Staat und Partei verflochtene Spitzeninstitution des staatssozialistischen Systems war und selbst als eine männerdominierte, hochinstitutionalisierte und hierarchisch strukturierte Plattform von *Tätigkeit und Aktion* anzusehen ist. Die Protagonistinnen, die in der ungarischen Gewerkschaftswelt dieser Jahrzehnte frauenpolitisch aktiv waren, übten keine grundsätzliche Kritik am staatssozialistischen System. Die Frauen waren in diesem Rahmen in frauenpolitischen Strukturen tätig, denen wenig Eigenständigkeit zukam und die über keine eigenständigen Entscheidungsbefugnisse verfügten. Von Autonomie konnte keine Rede sein, und auch die *agency* erscheint, aus der Perspektive der neuen Frauenbewegung, als stark eingeschränkt oder praktisch gar nicht vorhanden. Selbstbestimmte Aktion von unten kam für die Frauenpolitikerinnen im staatssozialistischen ungarischen Gewerkschaftsbund, anders als für die IGB-Gewerkschafterinnen der Zwischenkriegszeit, die zumindest den gewerkschaftlich ordentlich organisierten Kampf am Arbeitsplatz befürworteten, nicht in Frage. Es gab keine direkte Kritik am Maskulinismus als *Systemmerkmal* der in Osteuropa staatgewordenen alten Arbeiterbewegung und entsprechende Erscheinungen

---

18 ERC Advanced Grant: ZARAH. Women's Labour Activism in Eastern Europe and Transnationally, from the Age of Empires to the Late 20th Century (2020 – 2025), Central European University (Grant agreement No. 833691). Ich möchte die Gelegenheit nutzen, um re:work und ganz besonders Felicitas Hentschke zu danken, die uns re:work *fellows* erzählte, dass re:work Workshops unterstützen könne, und die dann, gemeinsam mit ihren Mitarbeitern und Mitarbeiterinnen, höchst effektiv dabei half, meine Idee für einen Workshop zur Vorbereitung von ZARAH in die Tat umzusetzen. Das Treffen fand vom 8. bis 15. September 2017 in Oberstaad am Bodensee statt und wurde kofinanziert von re:work, der CEU und dem Institut für die Geschichte und Zukunft der Arbeit (IGZA), das auch als Gastgeber fungierte.

wurden etwa als Überbleibsel alter Verhältnisse thematisiert. Frauenbefreiung im Sinne der neuen Frauenbewegung stand nicht auf der Tagesordnung.[19]

Keineswegs möchte ich nun behaupten, dass die Geschichte der *Akteurinnen* in der frauen- und geschlechtergeschichtlichen Forschung, wie sie seit den 1970er Jahren entstanden ist, auf eine solch reduzierte Weise bzw. schlicht durch die Brille der neuen Frauenbewegung betrachtet wird. Auch möchte ich nicht behaupten, dass es in diesem Zweig der Historiografie keine kritische Reflektion der politischen und konzeptuellen Paradigmen der neuen Frauenbewegung gibt, im Gegenteil.[20] Umgekehrt aber denke ich doch, dass die obenstehende zugespitzte Darstellung uns zu kritischer Reflektion veranlassen kann. Es war und ist gewiss nicht immer einfach zu vermeiden, *Tätigkeit und Aktion* der *Akteurinnen* so gar nicht aus jenem konzeptuellen Horizont heraus zu erforschen, den die Frauen- und Geschlechtergeschichte im Nachklang der neuen Frauenbewegung aufgespannt hat. Die neue Frauenbewegung hat nun einmal den politischen und historischen Horizont des Begreifens der *Tätigkeit und Aktion* von Frauen für Frauen erweitert, und die Frauen- und Geschlechtergeschichte soll und will gewiss nicht *hinter* die von der neuen Frauenbewegung angestoßene, umfassende politische und intellektuelle Kritik an System, Politik und Privatsphäre zurückfallen.

Die fortgesetzte historiografische Randständigkeit von *Tätigkeit und Aktion* der *Akteurinnen* ist wohl zu einem nicht unbeträchtlichen Teil dem damit angesprochenen Spannungsverhältnis zwischen historiografischer Konjunktur einerseits, und der Geschichte eben dieser *Akteurinnen* andererseits geschuldet. Mit Blick auf diesen Kreis politischer Frauen scheint es geraten, dass die Forschung

---

19 Erste Forschungsergebnisse enthält der Aufsatz Zimmermann 2020, den ich in der Zeit bei re: work geschrieben habe.
20 Die Historisierung der Geschichte der zweiten oder neuen Frauenbewegung ist in vollem Gange und geht in viele Richtungen. Siehe etwa das 2016 erschienene Themenheft „Historicising the Women's Liberation Movement in the Western World, c1960 – 1990" der Zeitschrift *Women's History Review*. Ein Schwerpunkt der kritischen Analysen von Organisation und Politik von Frauen für die Belange von Frauen im Rahmen der neuen Frauenbewegung lag auf dem Verhältnis zwischen der neuen Frauenbewegung, der Civil Rights Movement und den politischen Aktivitäten afroamerikanischer Frauen in den USA. Damit wurde insbesondere das Verhältnis von Geschlecht und *race* problematisiert, erhellende Analysen finden sich etwa bei Thompson 2002 und Dietze 2013. Eine neue wichtige Arbeit zur Klassenpolitik der neuen Frauenbewegung ist Stevenson 2019; zur Frage von Klasse und Geschlecht in der neuen Frauenbewegung siehe auch die in Fußnote 11 angeführte Literatur. Die Protagonistinnen der neuen Frauenbewegung selbst sowie Vertreter und Vertreterinnen der zeitgenössischen neuen und alten sozialen Bewegungen führten eine lebhafte Auseinandersetzung über die Konzepte weiblicher Handlungsmacht und Autonomie, die in der neuen Frauenbewegung *en vogue* waren. Siehe dazu zum Beispiel Rossanda 1980. Die kritische historische Aufarbeitung steckt noch in den Kinderschuhen.

konzeptuelle Distanz insbesondere zur Kritik der alten Linken und ihres Politikbegriffs sowie des Staatssozialismus als Inbegriff einer staatgewordenen alten Linken entwickelt, die in der Weltwahrnehmung der neuen Frauenbewegung eine entscheidende Rolle spielten. Ich denke, dass diese Wahrnehmungsweisen immer wieder mitschwingen, wenn die Geschichte von Gruppierungen wie der IGB-Fraueninternationale oder von kommunistischen Frauenpolitikerinnen in staatssozialistisch geprägten Kontexten allzu reduktionistisch beiseitegeschoben wird. Die Forderung nach der Entwicklung einer solchen konzeptuellen Distanz zur frauenbewegten Kritik an der alten Linken ist nicht mit der Idee zu verwechseln, dass die Forschung die Geschichte von Frauen in der alten Linken und im Staatssozialismus ‚weniger kritisch' wahrnehmen sollte. Derartige Tendenzen sind in der gegenwärtigen Debatte insbesondere zur Geschichte der *Akteurinnen* in staatssozialistischen Ländern und Organisationen durchaus anzutreffen. Hier stehen einander zwei Gruppen von Forscherinnen gegenüber: jene, die zeigen wollen, dass die *Akteurinnen* durchaus eigenständig vielseitige Aktivitäten entfalteten und somit *agency* besaßen, und jene, die den Akteurinnen diese *agency* weitgehend absprechen.[21] Es kann durchaus argumentiert werden, dass nicht nur die zweite, sondern auch die erste Gruppe von Diskutantinnen der Weltwahrnehmung der neuen Frauenbewegung verhaftet bleibt. Beide scheinen *Tätigkeit und Aktion* der *Akteurinnen* mit Maßstäben zu messen, die dieser Weltwahrnehmung entlehnt sein könnten. Die zweite Gruppe stellt fest, dass das Handeln der *Akteurinnen* den Kriterien von Autonomie, selbstbestimmtem Handeln und Systemkritik nicht entsprach. Die erste Gruppe bezahlt einen hohen Preis für ihr Ansinnen, einer solchen historiografischen Abwertung des Handelns der *Akteurinnen* dadurch entgegenzuarbeiten, dass sie deren Willen und Fähigkeit, für die Interessen von Frauen einzutreten, in den Vordergrund rückt: Sie verzichtet wiederholt darauf, das System, in dem die *Akteurinnen* handelten, und ihre Einbindung in dieses System kritisch zu analysieren. Die Kritik an der staatgewordenen alten Linken beschränkt sich darauf, dass diese die eigenen Emanzipations- und Gleichheitsversprechen für Frauen nicht vollständig eingelöst habe. Mein Vorschlag, in die Forschung zur Geschichte der *Akteurinnen* eine konzeptuelle Distanz zur frauenbewegten Kritik an der alten Linken einzubauen, zielt in eine andere Richtung. Was wir brauchen, ist eine Art Äquidistanz, einen gleichgroßen Abstand zu Konzepten und Praxen des Aktivismus, wie sie in der zweiten Frauenbewegung entwickelt worden sind, und zu Konzepten des Aktivismus, wie er in der alten Linken gedacht und gelebt wurde. Dies ist, denke ich, eine bedeutsame Voraussetzung dafür, dass die *Akteurinnen* weder heroisiert noch der

---

21 Die *agency* betonen etwa Zheng 2016 und Ghodsee 2018.

Geschichte, die sie mitgestaltet haben, beraubt werden, und dass ihr Handeln und ihre Handlungsmacht und -ohnmacht historisch adäquat verstanden werden kann.

Eine zweite wichtige Problematik der wissenschaftlichen Auseinandersetzung mit der Geschichte der *Akteurinnen* betrifft die historische und historiografische Auseinandersetzung um konkurrierende Formen ihrer Organisation und Politik. Auch hier haben, wie ich zeigen möchte, vorherrschende, und ebenfalls konkurrierende, historiografische Herangehensweisen den unvoreingenommenen Blick auf die Geschichte der *Akteurinnen* verstellt. Ich möchte im Folgenden eine vereinfachte Darstellung der historischen Auseinandersetzung zwischen Arbeiter- und Frauenbewegung verwenden, um eine produktive Herangehensweise an die Konzeptualisierung dieser Konkurrenz und damit an die Geschichte von Politik und Organisation der *Akteurinnen* vorzuschlagen. Die Vereinfachung betrifft erstens die Beschreibung ‚der' Arbeiterbewegung als soziale Bewegung, die von proletarischen Männern dominiert war und geschlechterspezifische Interessen proletarischer Frauen bestenfalls in beschränkter Weise berücksichtigte. Sie betrifft zweitens die Beschreibung ‚der' Frauenbewegung als eine soziale Bewegung, die von nichtproletarischen Frauen dominiert war und klassenspezifische Interessen von proletarischen Frauen bestenfalls in beschränkter Weise berücksichtigte.

Drittens berücksichtigt diese Darstellung nur zwei klassische soziale Bewegungen und keineswegs alle Plattformen, von denen aus die *Akteurinnen* ihre *Tätigkeit und Aktion* entfalteten. Ich meine jedoch, dass die Ausführungen zum gewählten (großen) historischen Beispiel auf den gesamten Kreis der *Akteurinnen* erweitert werden können. Dementsprechend werde ich abschließend auch versuchen, dazu einen Beitrag zu leisten.

Als Ausgangspunkt meiner Überlegungen dient die einfache historische Tatsache der in Grafik 1 dargestellten, sich seit dem 19. Jahrhundert entfaltenden Konkurrenz zwischen der Arbeiter- und der Frauenbewegung um diese *Akteurinnen*.

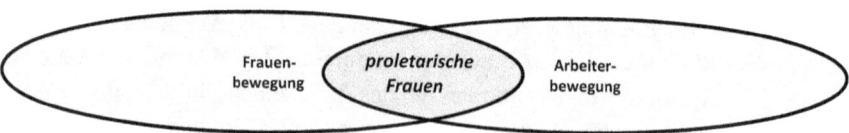

Grafik 1: Konkurrenz sozialer Bewegungen um die Frauen der unteren Sozialschichten [und jener Akteurinnen, die diese Frauen zu repräsentieren behaupteten]

Grundsätzlich ergab sich die Konkurrenz zwischen Arbeiter- und Frauenbewegung um die proletarischen Frauen daraus, dass die Arbeiterbewegung auf die gemeinsame Organisierung proletarischer Frauen und Männer für und entlang deren Klasseninteressen setzte, während die Frauenbewegung die gemeinsame Organisierung aller Frauen für und entlang deren Geschlechterinteressen zum Ziel hatte. Dieser prinzipielle Unterschied bestand unabhängig davon, in welcher Weise die jeweilige Bewegung für sich reklamierte, *auch die Interessen der proletarischen Frauen zu berücksichtigen* – also unabhängig davon, auf welche Weise die Arbeiterbewegung unter Umständen behauptete, auch Geschlechterinteressen proletarischer Frauen zu vertreten, und auf welche Weise die Frauenbewegung unter Umständen behauptete, auch Klasseninteressen proletarischer Frauen zu vertreten. Die historische Auseinandersetzung um Organisation und Politik zugunsten proletarischer Frauen und, in den Fußstapfen dieser Auseinandersetzung, auch manch historiografische Herangehensweise und Debatte, waren von zwei Tendenzen gekennzeichnet: Zum einen ging es immer wieder um den Beweis der Überlegenheit und Richtigkeit der Tätigkeits- und Aktionsform entweder der Frauen- oder der Arbeiterbewegung, zum anderen um die – einseitige bzw. ausschließliche – Kritik am Umgang der jeweils anderen Bewegung mit den proletarischen Frauen.

Dementsprechend wurden die blinden Flecken und Problemzonen in Theorie und Praxis der jeweils anderen Bewegung hervorgehoben und die spiegelverkehrten Problemzonen und blinden Flecken in der jeweils eigenen Bewegung unter den Tisch gekehrt bzw. nicht oder nur verzerrt wahrgenommen.[22] Eine

---

[22] Als ein Beispiel für die Fortschreibung entsprechender *biases* kann der erstmals 2007 erschienene einflussreiche Aufsatz von Boxer 2010 gelten, in dem die Autorin eine Art Globalgeschichte des Konzeptes „bourgeois feminism" vorlegt. Marilyn Boxer zeigt in dieser Studie, wie sich Frauen, die in der Arbeiterbewegung organisiert oder mit dieser verbunden waren (und manche ihrer Historikerinnen) mithilfe dieses Konzeptes immer und immer wieder vom Feminismus, gemeint waren damit im Kern die nichtsozialistischen Frauenorganisationen, abgrenzten. Boxer stellt aber nicht die systematische komplementäre Frage, wie und warum sich diese Frauenorganisationen von der Arbeiterbewegung bzw. der systematischen Einbeziehung der „Klassenfrage" in ihre Politik abgrenzten. Ich habe die umfängliche Forschung zur Geschichte der Frauen- und der Arbeiterbewegung daraufhin durchgesehen, ob und wie sie sich mit der historischen Auseinandersetzung darüber beschäftigt, wie die proletarischen Frauen sowohl in der Arbeiter- wie in der Frauenbewegung organisiert und wie deren Interessen vertreten werden sollten. Bei dieser, angesichts des Umfangs der Literatur, unvermeidlich höchst unvollständigen Durchsicht habe ich keine Arbeit entdecken können, die sich, bezogen auf einen gegebenen historischen Kontext oder in systematischer Absicht, den im Folgenden diskutierten *biases* (also den *biases* innerhalb der Arbeiter- bzw. der Frauenbewegung, was die eigene und die jeweils andere Bewegung betraf) *auf beiden Seiten bzw. in ihrem wechselseitigen Zusammenhang* widmen würde. Ich verzichte im Folgenden auf Literaturnachweise für die wenigen in diesem Essay an-

wichtige argumentative bzw. diskursive Vorgangsweise bestand dabei darin, Phänomene, in denen sich in der Erfahrungswelt proletarischer Frauen die „Geschlechter"- und „Klassenfrage" miteinander verband, primär als bestimmt von bzw. verursacht durch entweder Klassenunterdrückung (so die Arbeiterbewegung) oder Geschlechterunterdrückung (so die Frauenbewegung) darzustellen. Umgekehrt wurde der jeweils anderen Bewegung spiegelverkehrt ein jeweils entsprechender Reduktionismus vorgeworfen. Ein simples historisches Beispiel hierfür ist die sexuelle Belästigung von Fabrikarbeiterinnen. In der Presse der Arbeiterbewegung wurde diese immer wieder als Belästigung durch Vorgesetzte, in der Presse der Frauenbewegung als Belästigung durch Männer dargestellt. Da beide Blickwinkel Teil der Wahrheit waren, aber von der je anderen Bewegung verschwiegen oder beiseite gewischt wurden, fiel es beiden Seiten leicht, in der politischen Auseinandersetzung mit dem Finger auf die Schwachstellen des jeweiligen Gegenübers zu zeigen. Belästigung gebe es, so erklärte die Frauenbewegung der Arbeiterbewegung, auch durch proletarische Männer. Es handle sich also hauptsächlich um ein Geschlechterproblem, nämlich ein Problem der Männermacht. Die Belästigung sei mit der Macht des Vorgesetzten, des sprichwörtlichen Kapitalisten und seiner Stellvertreter, verbunden, es handele sich also in erster Linie um ein Klassenproblem, hielt die Arbeiterbewegung dagegen. Mit anderen Worten: Die Frauenbewegung wies darauf hin, dass die Arbeiterbewegung die Geschlechterdimension der Unterdrückung der proletarischen Frauen vernachlässige. Die Arbeiterbewegung warf der Frauenbewegung vor, dass sie die klassenspezifische Dimension der Unterdrückung der proletarischen Frauen nicht oder zu wenig berücksichtige.

Die Forschung zur Geschichte der *Akteurinnen* hat die hier zutage tretenden jeweiligen, komplementär wirkenden Voreingenommenheiten bzw. Einseitigkeiten, also die wechselseitigen *biases*, bisher nur unzureichend hinterfragt. Historiografiegeschichtlich waren in der Auseinandersetzung um das Verhältnis von „Klassen"- und „Geschlechterfrage" in der Arbeiter- und Frauenbewegung lange Zeit der *bias* zugunsten der Arbeiterbewegung und die Ausblendung der blinden Flecken in deren Prinzipien, Argumentation, Tätigkeit und Aktion, wesentlich präsenter als der *bias* zugunsten der Frauenbewegung. Dies gilt zumindest für die Zeit bis in die 1970er Jahre hinein. Der Grund dafür ist die Abfolge der historiografischen Konjunkturen rund um die Kategorien Klasse und dann Geschlecht im

---

geführten Einzelbeispiele. Ich sehe außerdem davon ab, die Argumentationslinien und Politikstrategien, die von den Akteurinnen und Akteuren entwickelt wurden, durch historische Einzelbeispiele zu illustrieren. Eine Aufarbeitung der in der Literatur ‚angesammelten' zahlreichen wertvollen Einzelbeispiele wäre eine aus historischer wie historiografischer Sicht lohnende und wichtige Aufgabe.

20. Jahrhundert, auf die ich oben bereits verwiesen habe. Die vom Marx'schen Gedankengut bzw. dem Fokus auf die „Klassenfrage" inspirierte Geschichtsschreibung der Arbeiterbewegung hatte sich seit der ersten Hälfte des 20. Jahrhunderts durchaus etabliert. Der neue Wissenschaftszweig der Frauen- und Geschlechtergeschichte, der sich seit den 1970er Jahren entwickelt hat, konzentrierte sich darauf, Geschlecht als unabhängige und gleichberechtigte Analysekategorie gegen die Dominanz der Kategorie Klasse zu etablieren. Es ist daher wenig verwunderlich, dass diese Forschung argumentativ nicht immer frei war vom *bias* gegen die Arbeiterbewegung und dahin tendierte, blinde Flecken, Verzerrungen und Einseitigkeit in Prinzipien wie auch in Argumentation, Tätigkeit und Aktion der historischen Frauenbewegungen auszublenden oder nur beschränkt wahrzunehmen.

In der im Folgenden abgebildeten Tabelle 1 werden einige zentrale Elemente der historisch so bedeutsamen politischen Auseinandersetzung zwischen Frauen- und Arbeiterbewegung um die Vertretung der (wie auch immer konstruierten) Interessen der proletarischen Frauen, die sich ausgehend von der politischen Konkurrenz um diese gesellschaftliche Gruppe entwickelte, im Modus eines Spiegelgefechts zusammengefasst. Die Tabelle hilft bei dem Bemühen, die Geschichtsschreibung zu politischer *Tätigkeit und Aktion* der *Akteurinnen* von der Wiederholung historischer politischer Gefechte freizuspielen.

Diese Zusammenschau befasst sich keineswegs mit allen relevanten historisch-politischen Zusammenhängen und Argumenten, die in der Geschichte der politischen Konkurrenz von Arbeiter- und Frauenbewegung um die proletarischen Frauen eine Rolle spielten, kann aber problemlos um weitere Punkte ergänzt werden. Sie kann als Hilfestellung dazu dienen, Zusammenhänge und Argumente, die die Forschung in der historischen und historiografischen Auseinandersetzung um die Interessen und die Organisierung von Frauen der unteren Sozialschichten entdeckt, jeweils spiegelverkehrt gegenzulesen, bevor sie wissenschaftlich eingeordnet werden. Sie kann dazu beitragen, einseitige Bewertungen oder argumentative Kurzschlüsse zu vermeiden. Dies lässt sich anhand eines weiteren einfachen Beispiels illustrieren, diesmal unter Bezug sowohl auf historische wie auf historiografische Debatten. In der ersten Frauenbewegung gab es immer wieder Kritik am Prinzip der „reinlichen Scheidung zwischen bürgerlicher Frauenrechtelei und Arbeiterinnenbewegung", wie es Clara Zetkin, die führende Frauenpolitikerin in der deutschen Sozialdemokratie, 1894 postuliert hatte. Diese Kritik wird in der feministischen Geschichtsforschung bis heute weitergetragen. Tatsächlich grenzten sich Frauen, die in der Arbeiterbewegung organisiert oder mit dieser verbunden waren, realhistorisch nicht selten unter Bezugnahme auf das Zetkin'sche Konzept von jenen Frauenorganisationen ab, die sich nicht mit der männerdominierten Arbeiterbewegung solidarisierten. Aus der Sicht von

Tabelle 1: Spiegelverkehrte Bezugnahme zweier sozialer Bewegungen auf Geschlecht und Klasse

	Frauenbewegung („Geschlecht vor Klasse")	
	Organisatorisch	Politisch
Interessenvertretung (Selbstbeschreibung)	Frauen aller Klassen	(Geschlechter-) Interessen aller Frauen
		Gemeinsame Naueninteressen
Schlüsselprobleme	Abwehr der Arbeiterbewegung als Konkurrenz, weil diese klassenspezifische Unterdrückung von proletarischen Frauen – die auch innerhalb des Proletariats stattfindet – an den Pranger stellt	Schweigen über oder Hintanstellung von klassenspezifische/r Ungleichheit und Unterdrückung unter den Frauen
Wichtige Elemente der Kritik von Seiten der jeweils anderen Bewegung	Die Organisierung von Proletarierinnen in der Frauenbewegung spalte die Arbeiterbewegung	Die Frauenbewegung ignoriere die gemeinsamen Klasseninteressen von proletarischen Männern und Frauen
		Die Frauenbewegung grenze Klasseninteressen von Proletarierinnen aus, die sich gegen Interessen bürgerlicher Frauen (und Männer*) richten – und vertrete damit bürgerliche Interessen * ... bzw. stelle sie die Klasseninteressen proletarischer Frauen gegenüber bürgerlichen Männern als Geschlechterinteressen dar

zeitgenössischen Proponentinnen einer klassenübergreifenden Frauenbewegung (und so mancher ihrer Historikerinnen) verkörperte die Zetkin'sche Doktrin im Grunde eine Politik der Spaltung der Frauenbewegung. Dieser Vorwurf konnte insofern als begründet gelten, als die Frauenbewegung tatsächlich alle Frauen zur Mitarbeit einlud und gemeinsame Interessen aller Frauen vertrat. Allerdings gilt auch hier, dass so nur ein Teil der Zusammenhänge sichtbar wird. Der andere Teil tritt erst hervor, wenn die Blickrichtung umgekehrt und nach dem spiegelgleichen Problem auf der anderen Seite gefragt wird. Tatsächlich verzichteten nämlich dieselben Frauenorganisationen ihrerseits regelmäßig auf Forderungen, die auf die Lösung auch der „Klassenfrage" gezielt hätten. Ihr Angebot zur Mitarbeit an die proletarischen Frauen beruhte ebenso sehr auf der Prämisse, dass diese die

Tabelle 1: *(Fortsetzung)*

Arbeiterbewegung („Klasse vor Geschlecht")	
Organisatorisch	**Politisch**
Proletarier beiderlei Geschlechts	(Klassen-)Interessen aller Proletarier/innen
	Gemeinsame Interessen der Proletarier/innen
Abwehr der Frauenbewegung als Konkurrenz, weil diese geschlechterspezifische Unterdrückung von proletarischen Frauen – die auch innerhalb des Proletariats stattfindet – an den Pranger stellt	Schweigen über oder Hintanstellung von patriarchale/r Ungleichheit und Unterdrückung innerhalb des Proletariats
Die Organisierung von Proletarierinnen in der Arbeiterbewegung spalte die Frauenbewegung	Die Arbeiterbewegung ignoriere die gemeinsamen Geschlechterinteressen aller Frauen
	Die Arbeiterbewegung grenze die Geschlechterinteressen proletarischer Frauen aus, die sich gegen die Interessen proletarischer (und bürgerlicher*) Männer richten – und vertrete damit Männerinteressen * ... bzw. stelle sie die Geschlechterinteressen proletarischer Frauen gegenüber bürgerlichen Männern als Klasseninteressen dar

Vorrangstellung der „Geschlechterfrage" akzeptieren sollten, wie das Angebot der Arbeiterbewegung an die proletarischen Frauen zur Mitarbeit auf der Voraussetzung basierte, dass diese die Vorrangstellung der „Klassenfrage" akzeptierten. In der Frauenbewegung kam diese Haltung im frühen 20. Jahrhundert etwa in der Politik des liberal-progressiven *Weltbundes für Frauenstimmrecht*, damals eine der bedeutendsten internationalen Frauenorganisationen, zum Ausdruck. Frauen sollten, so die Formulierung der Schlüsselforderung des Bundes in den Jahren 1906 bzw. 1908, das Wahlrecht unter den gleichen Bedingungen ausüben können wie die Männer zum gegebenen oder zu einem zukünftigen Zeitpunkt. 1911 wurde dann die Forderung, das Geschlecht solle im Wahlrecht keinen Ausschließungsgrund darstellen, als einziges politisches Ziel festgelegt. Klar und deutlich enthielt sich der Bund einer Stellungnahme zur „Klassenfrage", indem er sich zur Einbeziehung der unteren Bevölkerungsschichten in das Wahlrecht *nicht äußerte*. Der *Weltbund* räumte in seinen Forderungen der Gleichheit der Geschlechter Vorrang ein. Proletarische Frauen (und Frauen, die sich mit deren Interessen identifizierten) konnten im *Weltbund für Frauenstimmrecht* unter der Voraussetzung mitarbeiten, dass sie die Doktrin des Bundes und damit auch die nicht direkt ausgesprochene Vorrangstellung der „Geschlechterfrage" vor der „Klassenfrage" akzeptierten.[23]

In Tabelle 1 wird des Weiteren gezeigt, dass die Handlungsmacht der *Akteurinnen*, die darauf setzten, die eigene Agenda, also die Kombination von klassen- und geschlechterspezifischen Interessen von Frauen der unteren Sozialschichten in der Frauen- bzw. der Arbeiterbewegung möglichst stark zu machen, innerhalb beider Bewegungen deutlich eingeschränkt war. Die Frage der Handlungsmacht, also der *agency* der *Akteurinnen*, umkreist eine weitere bedeutsame Problematik der wissenschaftlichen Auseinandersetzung mit deren Geschichte, die oben in anderem Zusammenhang bereits angesprochen wurde. Heute wie auch in historischer Perspektive erscheint ein politischer Zusammenschluss ausschließlich dieser *Akteurinnen* in eigenständigen Organisationen ein möglicher und logischer Schritt heraus aus dieser (jeweiligen) Beschränkung der Handlungsmacht. In den Forschungen zur Geschichte von *Tätigkeit und Aktion* von Frauen für Frauen haben Organisationsformen, die sich in der Konsequenz eines solchen Schrittes ergaben, nicht zuletzt aus diesem Grund große Aufmerksamkeit gefunden. Hierfür bildet die Historiografie zum oben erwähnten *Internationalen Arbeiterinnenbund* ein gutes Beispiel. Auch Erweiterungen oder Radikalisierungen der politischen Agenda, ja, eine Erweiterung von politischen Handlungsformen und des Politikbegriffs als solchen, werden immer wieder mit derartigen autonomen Organisationsformen unter (proletarischen und/oder antikapitalistisch orientierten) Frauen in Zusammenhang gebracht.

Dass es umgekehrt immer wieder an kritischer Analyse entsprechender historischer Entscheidungen und Entwicklungen fehlt, könnte sich zum Teil aus einem *bias* der Historiografie zugunsten autonomer Organisationsformen von Frauen erklären. Die hier vorgeschlagene Betrachtungsweise macht demgegenüber sichtbar, dass der Schritt der *Akteurinnen* hin zur eigenständigen Organisation durchaus auch Konsequenzen hatte, die nicht allein von den betreffenden Frauen selbst als zumindest ambivalent wahrgenommen werden konnten. Ein

---

[23] Den Mitgliedsverbänden des Weltbundes in den einzelnen Ländern stand es weitgehend frei, wie sie ihre Stimmrechtspropaganda betrieben. Zum Argument und den Details siehe Zimmermann 2012.

solcher Schritt hatte in organisationspolitischer Hinsicht und mit Blick auf die eigene Handlungsmacht mehrere Folgen. Die eigenständige Organisierung proletarischer Frauen, mit dem Ziel, ihre Geschlechter- und Klasseninteressen (wie auch immer konstruiert oder beschrieben) gleichermaßen zu vertreten, ging auf jeden Fall mit der organisatorischen Trennung von allen Klassengenossen (proletarischen Männern) und allen nichtproletarischen Geschlechtsgenossinnen einher. Diese beiden Trennungen waren gleichbedeutend damit, dass sich die *Akteurinnen* in einer politischen Organisation wiederfanden, in der die Strategie, sich die Handlungsmacht der übergreifenden, großen Klassenbewegung bzw. der Frauenbewegung für ihre eigenen Interessen zunutze zu machen, nicht mehr verfolgt werden konnte. Was in der Innensicht der politischen Organisierung als Stärkung der Handlungsmacht der *Akteurinnen* erschien, konnte also in der Außensicht einer Schwächung der Handlungsmacht gleichkommen. Diese grundsätzliche Problemlage spielte etwa für die oben angesprochene Politik der frauenpolitisch engagierten Netzwerke und Gruppierungen gegenüber und in der ILO und dem Völkerbund unverkennbar eine wichtige Rolle.

Die untenstehende Tabelle 2 systematisiert, wiederum in vereinfachender und schematisierter Form, die damit beispielhaft angesprochenen Vor- und Nachteile und Probleme, die verschiedene Organisations- und Politikstrategien für die *Akteurinnen* mit sich brachten. Die Darstellung in Tabelle 2 kann dabei behilflich sein, alle hier diskutierten politischen und organisatorischen Handlungsalternativen, die den *Akteurinnen* zur Verfügung standen, gleichermaßen auf eben diese Vor- und Nachteile und Probleme hin zu befragen.

Während in Tabelle 2 ein breiter Bogen von Konsequenzen ausgeleuchtet wird, die sich für die handelnden *Akteurinnen* aus der Wahl unterschiedlicher organisatorischer und politischer Vorgangsweisen ergaben, zeigt die weiter unten stehende Tabelle 3 eine Zusammenschau der Determinanten von Handlungsmacht, die den *Akteurinnen* in unterschiedlichen politischen und organisatorischen Kontexten zur Verfügung stehen konnten.

Die Diskussion um die Handlungsmacht von Frauen, die im Rahmen politischer Netzwerke bzw. die formal organisiert zugunsten von Frauen politisch tätig wurden, hat in den letzten Jahren, wie oben bereits angesprochen, insbesondere in der Forschung und Debatte um die Frauen- und Geschlechtergeschichte des Staatssozialismus und der kommunistisch dominierten internationalen Frauenorganisationen, eine wichtige Rolle gespielt. Ich möchte die damit angesprochene wissenschaftliche Diskussion um die *agency* von Frauen in staatssozialistischen bzw. kommunistisch geprägten Kontexten als Sprungbrett dazu benutzen, die Überlegungen zu einem integrativen Neudenken der Geschichte des politischen Aktivismus von Frauen, in einem dritten Schritt, nochmals zu erweitern. Habe ich bis hierher die beiden historisch zentralen sozialen Bewegungen, die Arbeiter-

Tabelle 2: Handlungsoptionen des hier ins Zentrum gestellten Kreises der politischen *Akteurinnen*

Strategie, und damit verbundene *Probleme*	Klasse und Geschlecht
Organisatorisch	Individuelle spontane und wechselnde Aktivitäten *Problem: z. B. Vereinzelung*
	Individuelle multiple Mitgliedschaften, z. B. in einer gemischtgeschlechtlichen Gewerkschaft und in einem Frauenberufsverband *Problem: z. B. Loyalitätskonflikte*
	Autonome klassenspezifische Frauenorganisationen, z. B. Internationaler Arbeiterinnenbund oder sozialistisches Frauenkollektiv *Problem: beschränkte Mobilisierungskraft, knappe Ressourcen im Vergleich zu den großen Organisationen der Arbeiter- und Frauenbewegung, Konflikte mit beiden Seiten*
Politisch	Stetige Verbindung von Forderungen nach klassenspezifischem und geschlechterspezifischem Fortschritt *Problem: z. B. abstrakter Maximalismus, kein Nutzen von Teilmöglichkeiten*
	Variable Strategien und Prioritätensetzung bei der Verknüpfung von Klassen- und Geschlechterfragen, z. B. Fortschritt in Geschlechterfragen ohne Fortschritt in Klassenfragen *Problem: Politik der kleinen Schritte und Teilreformen*
	Konstruktives Weiter- und Zusammendenken Marx'scher und frauenbewegter Konzepte *Problem: z. B. unproduktiver konzeptueller Streit, „Haarspalterei"*

und die Frauenbewegung, als zentrale Bezugspunkte meiner Überlegungen gesetzt, so sind mit der Debatte um die *agency* von Frauen im Staatssozialismus ein historischer Kontext und eine Form von Tätigkeit und Aktion zugunsten von Frauen angesprochen, die sich im Rahmen des Staates bzw. in staatsnahen und direkt staatlich kontrollierten Organisationen und Zusammenhängen entfaltete. Das staatssozialistische politische System wich von der (idealisierten) politischen Verfasstheit der westlichen Welt nicht nur dahingehend deutlich ab, dass zivilgesellschaftlich verfasste soziale Bewegungen weitgehend fehlten und gezielt unterdrückt wurden, sondern auch dahingehend, dass der Staat für sich in An-

Tabelle 2: *(Fortsetzung)*

Klasse vor Geschlecht, aber mit dem Ziel beides unmittelbar zu vertreten	Geschlecht vor Klasse, aber mit dem Ziel beides unmittelbar zu vertreten
Teilnahme an gemischtgeschlechtlichen Organisationen der Arbeiterbewegung, dabei:	Teilnahme an klassenübergreifenden Frauenorganisationen, dabei:
Individuelle und kollektive Frauenpolitik	Individuelle und kollektive Klassenpolitik
Problem: z. B. fehlende Durchsetzungsmacht	*Problem: z. B. fehlende Durchsetzungsmacht*
Forderung nach und Aktivität in eigenen Frauenstrukturen	Ziel: Forderung nach und Aktivität in separaten Strukturen für proletarische Frauen
Problem: z. B. Separatismusvorwurf, innerorganisatorisch fragiler Zugang zu Macht und Ressourcen	*Problem: z. B. innerorganisatorisch fragiler Zugang zu Macht und Ressourcen*
Durchsetzung von Politiken des geschlechterspezifischen Fortschritts für proletarische Frauen *Problem: z. B. kein Engagement für darüberhinausgehende Fraueninteressen*	Durchsetzung von Politiken des Fortschritts in Klassenfragen für proletarische Frauen *Problem: z. B. kein Engagement für darüberhinausgehende Klasseninteressen*
Verhinderung von Politiken des Fortschritts in Klassenfragen, die nur mit einem Rückschritt in Geschlechterfragen erreicht werden können *Problem: z. B. wenig eigenständige politische Initiative*	Verhinderung von Politiken des Fortschritts in Geschlechterfragen, die nur mit einem Rückschritt in Klassenfragen erreicht werden können *Problem: z. B. wenig eigenständige politische Initiative*
Sichere konzeptuelle Heimat im Marx'schen Denken *Problem: fehlende Ansätze zur konzeptuellen Weiterentwicklung*	Versuch, Marx'sches Denken in feministische Konzepte hineinzutragen *Problem: z. B. Eklektizismus*

spruch nahm, die Interessen der Arbeiterklasse zu verkörpern. Viele Studien haben gezeigt, dass dieser Staat, wenngleich er behauptete, auch die Emanzipationsansprüche von Frauen zu vertreten, zugleich ein zutiefst maskulinistischer Staat war, der regelmäßig gemeinsame Sache mit männlichen Interessen machte.[24] Es kann argumentiert werden, dass er damit nicht zuletzt Traditionen der Arbeiterbewegung fortschrieb.

---

24 Als Beispiele in englischer Sprache können genannt werden: Harsch 2007 und Fidelis 2010.

Es verwundert daher wenig, dass sich innerhalb des sozialistischen Staats und seiner Institutionen eine, wie wir heute wissen, recht vielfältige Tätigkeit und Aktion der *Akteurinnen* entwickelte. Sie nutzten unter anderem das grundsätzliche Bekenntnis des staatssozialistischen Staates auch zur Emanzipation der Frauen als Plattform für ihre Tätigkeit und Aktion zugunsten der weiblichen Mehrheitsbevölkerung.[25] Vor diesem Hintergrund muss die oben angesprochene historiografische Debatte um die Handlungsmacht oder *agency* dieser Frauen insofern neu gefasst werden, als es nicht länger darum gehen kann, sie ihnen zuzuschreiben oder abzusprechen, sondern darum, ihre *agency* vergleichend und konzeptuell präzise zu fassen. Eine Voraussetzung dafür besteht darin, Tätigkeit und Aktion von Frauen für Frauen innerhalb des Staates und in sozialen Bewegungen zusammenzudenken. Es geht mit anderen Worten darum, in historisch präziser, aber auch systematischer Weise danach zu fragen, in welcher Form und auf welche Weise sowohl den Akteurinnen in staatssozialistischen Kontexten wie auch den übrigen Akteurinnen Handlungsmacht zukam. Dabei kann eine wichtige Einsicht der Kolleginnen, die sich in der Debatte über die *agency* der Akteurinnen in staatssozialistischen Kontexten engagieren, genutzt werden. Sie fragen nach Gründen für die Abwertung von Tätigkeit und Aktion dieser Frauen und für das geringe Interesse der internationalen Forschung an kommunistischen Frauenbewegungen und der Rolle von Frauen für die Gestaltung der Frauenpolitik in staatssozialistischen Staaten überhaupt. Sie machen das dahinterstehende Problem darin aus, dass sich wichtige Stränge der Forschung zur Geschichte von Frauenbewegungen ausgesprochen oder unausgesprochen mit westlichen Werten und der Höherwertung westlicher Gesellschaftsordnungen identifizierten.[26]

In der untenstehenden Tabelle 3 möchte ich zu den Bemühungen beitragen, nichtwestliche und insbesondere staatssozialistische Kontexte in die Geschichtsschreibung zu den *Akteurinnen* einzubeziehen, indem ich Strukturbedingungen der Variation von Handlungsmacht bzw. Voraussetzungen von Handlungsmacht aller *Akteurinnen* zu erfassen suche. Dabei gilt es, verschiedene Faktoren zusammenzudenken. Bei der Bestimmung der Strukturbedingungen von Handlungsmacht ist es wichtig zu berücksichtigen, welchen Platz die sozialen Bewegungen und die unterschiedlichen, als Handlungsplattformen genutzten Staaten, der Vision und Praxis der Emanzipation von Frauen der unteren Sozialschichten unter Bezugnahme auf die „Geschlechter"- und die „Klassenfrage" zuwiesen. Die Tabelle erfasst drei (idealtypisch vereinfachte) Typen von Staaten, nämlich neben dem klassischen bürgerlichen und dem staatssozialistischen auch

---

25 Siehe dazu exemplarisch die in Fußnote 21 zitierte Literatur.
26 Grundlegend für dieses Argument: de Haan 2010.

den sozial/demokratischen Staat, in dem sich historisch mancherorts ein – in der Forschung intensiv diskutierter – Staatsfeminismus[27] etablieren konnte. Wichtig ist es außerdem, die politischen Gegenspieler anzugeben, die sich der Tätigkeit und Aktion zugunsten der Frauen der unteren Sozialschichten, im Rahmen der jeweiligen politischen Gesamtkonstellation, sowohl innerhalb wie auch außerhalb der jeweiligen Plattform von Tätigkeit und Aktion entgegenstellten, und deren Stärke und Einfluss zu benennen. Schließlich ist auch die institutionelle Stellung der *Akteurinnen* zugunsten der Frauen der unteren Sozialschichten im Rahmen der jeweiligen politischen Plattform, von der aus sie handelten, zu berücksichtigen. Diese Frage wurde oben bereits mehrfach angesprochen.

Die in Tabelle 3 vereinfacht zusammengefasste Herangehensweise an die Analyse von Strukturbedingungen von Handlungsmacht zielt darauf ab, einen gemeinsamen Analyserahmen für die Geschichte von *Tätigkeit und Aktion* zugunsten von Frauen der unteren Sozialschichten im Rahmen von unterschiedlichen sozialen Bewegungen und Staaten aufzuspannen. Sie kann als Beitrag dazu gelesen werden, distanziertes, differenziertes und kritisches Nachdenken nicht nur über die Handlungsmacht von Akteurinnen in staatssozialistischen Kontexten, sondern auch über frauenbewegte *agency* im Rahmen der westlichen politischen Systeme anzuregen. Es gilt also, Konstruktionsprinzipien und Beschränkungen auch von Handlungsmacht in Zusammenhängen wie jenen der neuen Frauenbewegung sicht- und interpretierbar zu machen. Damit kann, anstatt Tätigkeit und Aktion der *Akteurinnen* in staatlichen Kontexten sowie denen sozialer Bewegungen entweder zu zelebrieren oder abzuwerten, eine distanzierte, differenzierte und kritische Analyse entwickelt werden.

Jedoch sollte eine solche Analyse die Stimmen der historischen Akteurinnen selbst nicht verdecken. Für jene kleine Gruppe international organisierter Sozialistinnen, denen sich der erste Abschnitt dieses Essays gewidmet hat, die IGB-Gewerkschafterinnen, stand fest, dass politische Handlungsmacht nur aus geballter gewerkschaftlicher Organisation entstehen konnte. Dabei stellten sie immer wieder klar, dass sie eine Klassenbewegung anstrebten, die alle arbeitenden Frauen gleichberechtigt miteinschloss, während eine Frauenbewegung, die sich auch die Lösung der Klassenfrage auf ihre Fahnen schreiben würde, für sie nicht auf der Tagesordnung der Geschichte stand. Die Hindernisse, die aus Sicht von Männern und Genossen einer gleichberechtigten Integration der Frauen in die Gewerkschaftsbewegung entgegenstanden, sprachen sie selten öffentlich an. Wenn sie es taten, dann in aller Regel in verklausulierter Form. So verabschiedete die IGB-Fraueninternationale 1936 (wieder einmal) eine umfängliche Resolution,

---

27 Einen wichtigen Überblick bieten McBride & Mazur 2012.

Tabelle 3: *Tätigkeit und Aktion* zugunsten von Frauen der unteren Sozialschichten: Strukturbedingungen von Handlungsmacht

Plattform von Tätigkeit und Aktion	
Soziale Bewegung	gemischtgeschlechtliche Arbeiterbewegung
	klassenübergreifende Frauenbewegung
	Bewegung von Frauen der unteren Sozialschichten
Staat	bürgerlicher Staat
	sozial/demokratisch geprägter Staat
	sozialistisch/kommunistisch geprägter Staat

die all diese Elemente, in nicht ungewohnter Formelhaftigkeit, in sich einschloss. Die Internationale Gewerkschaftliche Arbeiterinnen-Konferenz, die in diesem Jahr stattfand, sollte das historisch letzte große Zusammentreffen der IGB-Gewerkschafterinnen sein. Nur wenig mehr als ein Jahr später beschloss die IGB-Füh-

Tabelle 3: *(Fortsetzung)*

Strukturbedingungen von Handlungsmacht		
Position von Geschlecht und Klasse	Gegenspieler*	Interne Organisationsstruktur
Dominanz von Klasse	Staat	mit (starken/schwachen) eigenen Frauenstrukturen
	andere soziale Bewegungen	mit Männern
Dominanz von Geschlecht	Staat +	mit (starken/schwachen) eigenen „Caucuses" etc.
	andere soziale Bewegungen	mit den übrigen Frauen
Gleichgewicht Geschlecht und Klasse	Staat +	
	andere soziale Bewegungen +	
Dominanz von Männerinteressen	andere Interessensgruppen im Staat +	mit (starken/schwachen) eigenen Frauenstrukturen
Dominanz von Interessen der oberen Sozialschichten	Soziale Bewegungen ()	mit Männern
Dominanz von Männerinteressen	andere Interessensgruppen im Staat	mit (starken/schwachen) eigenen Frauenstrukturen
Einfluss von Interessen verschiedener sozialer Klassen	Soziale Bewegungen	mit Männern
Dominanz von Männerinteressen	Internationales System +	mit (starken/schwachen) eigenen Frauenstrukturen
Dominanz von Interessen der mittleren und unteren sozialen Klassen	Soziale Bewegungen ()	mit Männern

* Schwache Ausprägung der antagonistischen Rolle mit „0," starke Ausprägung mit „+" gekennzeichnet

rung, der IGB-Fraueninternationale organisatorisch wie politisch noch engere Zügel anzulegen. In ihrer Resolution von 1936 hatten die IGB-Gewerkschafterinnen festgestellt: „Eine Vorbedingung für die Erfüllung aller ... Forderungen ist die Stärkung unserer gewerkschaftlichen Organisation. Je größer und fester der gewerkschaftliche Zusammenhalt der werktätigen Frauen sowie der Gesamtarbeiterschaft ist, um so leichter wird es möglich sein, der Arbeiterschaft in der Gesellschaft den Platz zu erkämpfen, den sie verdient."

Literaturverzeichnis

Bennholdt-Thomsen, Veronika. 1982. „Subsistence Production and Extended Reproduction. A Contribution to the Discussion about Modes of Production". *The Journal of Peasant Studies* 9 (4): 241–54.

Bock, Gisela. 1989. „Women's History and Gender History. Aspects of an International Debate". *Gender & History* 1 (1): 7–30.

Boston, Sarah. 2015 [1980]. *Women Workers and Trade Unions. New Revised Edition.* London: Lawrence & Wishart.

Boxer Marilyn. 2010. „Rethinking the Socialist Construction and International Career of the Concept of ‚Bourgeois Feminism'". In *Globalizing Feminisms, 1789–1945*, herausgegeben von Karen Offen, 286–301. London und New York: Routledge.

Bruley, Sue, und Laurel Forster, Hrsg. 2016. *Historicising the Women's Liberation Movement in the Western World, c1960–1990* [= *Women's History Review*, 25 (5)].

Cobble, Dorothy Sue. 2005. *The Other Women's Movement. Workplace Justice and Social Rights in Modern America.* Princeton: Princeton University Press.

Cobble, Dorothy Sue. In Druckvorbereitung. *For the Many. A Global Story of American Feminism.* Princeton: Princeton University Press.

Dietze, Gabriele. 2013. *Weiße Frauen in Bewegung. Genealogien und Konkurrenzen von Race- und Genderpolitiken.* Bielefeld: transcript Verlag.

Fidelis, Malgorzata 2010. *Women, Communism, and Industrialization in Postwar Poland.* Cambridge University Press: Cambridge.

Frader, Laura L., und Sonya O. Rose. Hrsg. 1996. *Gender and Class in Modern Europe.* Ithaca und New York: Cornell University Press.

Franzaway, Suzanne, und Mary Margaret Fonow. 2011. *Making Feminist Politics. Transnational Alliances between Women and Labor.* Urbana, Chicago, Springfield: University of Illinois Press.

Fraser, Nancy. 2016. „Contradictions of Capital and Care". *New Left Review* (100, Juli/August): 99–117.

Ghodsee, Kristen. 2018. *Second World, Second Sex. Socialist Women's Activism and Global Solidarity during the Cold War.* Durham: Duke University Press.

Goethem, Geert van. 2006. *The Amsterdam International. The World of the International Federation of Trade Unions (IFTU), 1913–1945.* Aldershot und Burlington: Ashgate.

Göhring, Walter. Hrsg. 1998. *Anna Boschek. Erste Gewerkschafterin im Parlament. Biographie einer außergewöhnlichen Arbeiterin.* Wien: Österreichischer Gewerkschaftsbund etc.

Hall, Stuart. 1996. „When was the ‚Post-Colonial'? Thinking at the Limit". In *The Post-Colonial Question*, herausgegeben von Iain Chambers und Lidia Curti, 242–260. London: Routledge.

Haan, Francisca de. 2010. „Continuing Cold War Paradigms in Western Historiography of Transnational Women's Organisations. The Case of the Women's International Democratic Federation (WIDF)". *Women's History Review* 19 (4): 547–73.

Harsch, Donna. 2007. *Revenge of the Domestic. Women, the Family, and Communism in the German Democratic Republic*. Princeton und Woodstock: Princeton University Press.

Holmstrom, Nancy. 2002a. „Introduction". In *The Socialist Feminist Project. A Contemporary Reader in Theory and Politics*, herausgegeben von Nancy Holmstrom, 1–12. New York: Monthly Review Press.

Holmstrom, Nancy, Hrsg. 2002b. *The Socialist Feminist Project. A Contemporary Reader in Theory and Politics*. New York: Monthly Review Press.

Kassel, Brigitte. 1997. *Frauen in einer Männerwelt. Frauenerwerbsarbeit in der Metallindustrie und ihre Interessenvertretung durch den Deutschen Metallarbeiter-Verband (1891–1933)*. Köln: Bund-Verlag.

Kocka, Jürgen. 1990. *Weder Stand noch Klasse. Unterschichten um 1800*. Bonn: J.H.W. Dietz.

Kuczynski, Jürgen. 1961. *Darstellung der Lage der Arbeiter in Deutschland von 1789 bis 1849*. Berlin: Akademie-Verlag.

Lewenhak, Sheila. 1977. *Women and Trade Unions. An Outline History of Women in the British Trade Union Movement*. London und Tonbridge: Ernest Benn Limited.

Losseff-Tillmanns, Gisela. 1978. *Frauenemanzipation und Gewerkschaften*. Wuppertal: Peter Hammer Verlag.

McBride, Dorothy E., und Amy Mazur. Hrsg. 2012. *The Politics of State Feminism. Innovation in Comparative Research*. Philadelphia: Temple University Press.

Milkman, Ruth. Hrsg. 2013 [1985]. *Women, Work, and Protest. A Century of U.S. Women's Labor History*. Milton Park und New York: Routledge.

Miller Jacoby, Robin. 1976. „Feminism and Class Consciousness in the British and American Women's Trade Union Leagues, 1890–1925". In *Liberating Women's History. Theoretical and Critical Essays*, herausgegeben von Berenice A. Carroll, 137–160. Urbana, Chicago, London: University of Illinois Press.

Price, John. 1947 [1945]. *The International Labour Movement*. London, New York, Toronto: Oxford University Press.

Razavi, Shahra. 2007. „The Return to Social Policy and the Persistent Neglect of Unpaid Care". *Development and Change* 38 (3): 377–400.

Rossanda, Rossana. 1980. *Einmischung. Gespräche mit Frauen über ihr Verhältnis zu Politik, Freiheit, Gleichheit, Brüderlichkeit, Demokratie, Faschismus, Widerstand, Staat, Partei, Revolution, Feminismus*. Frankfurt am Main: Europäische Verlagsanstalt.

Sangster, Joan. 2014. „Marxist Feminism and Anticapitalism. Reclaiming Our History. Reanimating Our Politics." *Studies in Political Economy* 94: 137–60.

Schulz, Kristina. 2002. *Der lange Atem der Provokation. Die Frauenbewegung in der Bundesrepublik und in Frankreich 1968–1976*. Frankfurt am Main: Campus Verlag.

Sluga, Glenda, und Patricia Clavin. Hrsg. 2017. *Internationalisms. A Twentieth-Century History*. Cambridge: Cambridge University Press.

Stevenson, George. 2019. *The Women's Liberation Movement and the Politics of Class in Britain*. London: Bloomsbury.

Studer, Brigitte. 1999. „Internationalismus als politische Ressource. Das Schweizer Arbeitsrecht in der Zwischenkriegszeit" [Titel zweisprachig]. *Demokratie und Geschlecht*.

Interdisziplinäres Symposium zum 150jährigen Jubiläum des Schweizerischen Bundesstaates, herausgegeben von Birgit Christensen, 75–100. Zürich: Chronos Verlag.

Studer, Brigitte. 2011. *1968 und die Formung des feministischen Subjekts.* Wien: Picus Verlag.

Thébaud, Françoise. 2017. *Une traversée du siècle. Marguerite Thibert, femme engagée et fonctionnaire internationale.* Paris: Belin.

Thompson, Becky. 2002. „Multiracial Feminism. Recasting the Chronology of Second Wave Feminism." *Feminist Studies* 28 (2): 335–60.

Vapnek, Lara. 2012. „The International Federation of Working Women." E-Publikation, Datenbank *Women and Social Movements, International – 1840 to Present,* herausgegeben von Thomas Dublin und Kathryn Sklar. Alexander Street Press.

Voss, Lex Heerma van, und Marcel van der Linden. Hrsg. 2002. *Class and Other Identities. Gender, Religion and Ethnicity in the Writing of European Labour History.* New York und Oxford: Berghahn Books.

Weiss, Holger. Hrsg. 2017. *International Communism and Transnational Solidarity. Radical Networks, Mass Movements and Global Politics, 1919–1939.* Leiden und Boston: Brill.

Zheng, Wang. 2016. *Finding Women in the State. A Socialist Feminist Revolution in the People's Republic of China, 1949–1964.* Oakland: University of California Press.

Zimmermann, Susan. 2011. „The Long-Term Trajectory of Antislavery in International Politics. From the Expansion of the European International System to Unequal International Development". In *Humanitarian Intervention and Changing Labor Relations. The Long-Term Consequences of the Abolition of the Slave Trade,* herausgegeben von Marcel van der Linden, 431–496. Leiden: Brill.

Zimmermann, Susan. 2012. „A Struggle over Gender, Class, and the Vote. Unequal International Interaction and the Birth of the ‚Female International' of Socialist Women". In *Gender History in a Transnational Perspective,* herausgegeben von Oliver Janz und Daniel Schönpflug, 101–26. New York: Berghahn Books.

Zimmermann, Susan. 2016. „Night Work for White Women, Bonded Labour for ‚Native' Women? Contentious Traditions and the Globalization of Gender-Specific Labour Protection and Legal Equality Politics, 1926 to 1939". In *New Perspectives on European Women's Legal History,* herausgegeben von Sarah Kimble und Marion Röwekamp, 394–427. Milton Park und New York: Routledge.

Zimmermann, Susan. 2019. „Equality of Women's Economic Status? A Major Bone of Contention in the International Gender Politics Emerging during the Interwar Period". *The International History Review* 41 (1): 200–27.

Zimmermann, Susan. 2020. „‚It Shall Not Be a Written Gift, But a Lived Reality.' Equal Pay, Women's Work, and the Politics of Labor in State-Socialist Hungary, Late 1960s to Late 1970s". In *Labor in State-Socialist Europe, 1945–1989. Contributions to a History of Work,* herausgegeben von Marsha Siefert, 337–72. Budapest und New York: CEU Press.

Zimmermann, Susan. In Druckvorbereitung. *Frauenpolitik und Männergewerkschaft. Internationale Geschlechterpolitik, IGB-Gewerkschafterinnen und die Arbeiter- und Frauenbewegungen der Zwischenkriegszeit.* Wien: Löcker Verlag.

Susan Zimmermann 2

Ralf Grötker

„Sobald die Frauenbewegung sich ‚tunnelmäßig' nur auf die sogenannte Geschlechterfrage konzentriert, öffnet sie dem Gegner Tür und Tor"

Ein Interview mit Susan Zimmermann

Frau Zimmermann, Sie befassen sich in Ihrer Forschung mit arbeitspolitischen NGOs der Zwischenkriegszeit... Kann man das so sagen?
Man hat damals natürlich den Begriff NGO noch nicht verwendet. Und die meisten Organisationen, mit denen ich mich beschäftige, würde man eher als INGOs bezeichnen – als internationale Nichtregierungsorganisationen. Im Zentrum meiner Arbeit steht aber die Internationale Arbeitsorganisation ILO. Und die ist weder eine NGO noch eine INGO. Damals war die ILO Teil des Völkerbundes, so wie sie heute Bestandteil der UNO ist. In den Hauptentscheidungsgremien der ILO sind aus jedem Mitgliedsland Repräsentanten der Regierung, der Arbeitnehmer und der Arbeitgeber vertreten. Die ILO ist somit die einzige große internationale Organisation, die grundsätzlich zwischenstaatlich beziehungsweise multilateral ist, aber innerhalb dieses Rahmens anderen Interessen institutionellen Raum gibt. Etwas Vergleichbares gibt es nirgendwo sonst.

Ich würde gern mit Ihrer Hilfe das Netzwerk von Organisationen rund um die ILO nachzeichnen, die in Ihren Forschungen eine Rolle spielen. Da ist einmal das Frauenkomitee des Internationalen Gewerkschaftsbundes...
Ja, der Internationale Gewerkschaftsbund war damals die stärkste Fraktion der Arbeitervertreter in der ILO. Auch wenn die Frauen innerhalb des Internationalen Gewerkschaftsbundes alles andere als eine tonangebende Gruppe waren, hatten sie durch diese Konstellation bei der ILO doch einen Fuß in der Tür. Alle selbstständigen Frauenorganisationen, das muss man betonen, waren gegenüber dem offiziellen Genf der Zwischenkriegszeit, also dem Völkerbund und der ILO, Bittstellerinnen. Das gilt für den International Council of Women, für die International Alliance of Women, für das Liaison Committee of Women's International Organisations und für alle anderen, darunter auch die Open Door International, die sich auf die Frauenarbeit und damit auf die ILO konzentrierte. Auch das Frauenkomitee der Sozialistischen Arbeiterinternationale hatte keinen institutionell abgesicherten Zugang zur ILO. Gemeinsam war all diesen Organisationen,

dass sie Fraueninteressen vertreten wollten. Aber ihre Definition dieser Interessen war zum Teil diametral gegensätzlich.

Um welche Interessen und Themen geht es dabei? Da ist sicherlich einmal das Thema Mutterschutz. Dann die Familienbeihilfen.
„Familienbeihilfen" ist, glaube ich, ein österreichischer Begriff. In der Substanz ging es in der Zwischenkriegszeit um eine Beihilfe, die es Familien mit kleinen Kindern ermöglichen sollte, dass die Mutter der Erwerbsarbeit eine Zeit lang fernbleiben konnte. Dann natürlich die Themen Dienstboten und Heimarbeit, die für die Gewerkschaftsfrauen von besonderem Interesse waren. Dann Nachtarbeit oder, allgemeiner, der frauenspezifische Arbeitsschutz. Dazu gehört auch der erwähnte Mutterschutz. Und Equal Pay: die Forderung nach gleichem Lohn für gleiche Arbeit, sowie allgemeiner die Gleichstellung von Frauen im Erwerbsleben.

Welche politischen Ideen oder Ideale stehen hinter diesen Themen?
Einig war man sich unter den Frauenorganisationen und -netzwerken darin, dass man die Position der Frauen in der Welt der Erwerbsarbeit verbessern wollte. Ein weiteres Ziel bestand darin, die Situation der Frau als unbezahlte Arbeiterin zu verbessern, also als Mutter oder Familienversorgerin. Dies übersetzte sich einerseits in den Wunsch danach, die Hausarbeit stärker zu technisieren, oder die Frauen beispielsweise durch die Einrichtung von Kindergärten von der Erziehungsarbeit zu entlasten. Andererseits gab es auf der Grundlage anderer politischer Präferenzen auch Bestrebungen, die häuslichen und familiären Arbeiten aufzuwerten und es Frauen zu ermöglichen, diese Arbeiten ohne Druck und ohne finanzielle Einbußen verrichten zu können.

Also das, was heute gern etwas abschätzig mit dem Begriff „Herdprämie" bezeichnet wird?
Ja, aber das war und ist, aus meiner Sicht, weder damals noch heute eine konservative Forderung. Es ist immer noch so, dass Frauen dafür bestraft werden, wenn sie diese wertvolle Arbeit verrichten. Sie werden arm und abhängig – entweder von ihren Ehepartnern oder vom Staat. Das Grundproblem ist die Entwertung der Sorge- und Familienarbeit und ihre Abhängigkeit von Einkommen schaffender Arbeit. Keine der eben genannten Visionen kann als wirklich überzeugende Antwort auf diese Problematik beschrieben werden.

Was tun die von Ihnen untersuchten Akteurinnen, um andere auf ihre Seite zu bringen?
Erst einmal schreiben sie lange Memoranden voller Argumente. Die legen sie der Männerwirtschaft in Genf unermüdlich vor, oft in Reaktion darauf, was dort ge-

rade auf der Tagesordnung steht, manchmal auch, um selbst ein Thema voranzubringen. Dann versuchen sie, Frauen in den Völkerbund und in die ILO hineinzubringen. Sie koordinieren sich untereinander, wenn es darum geht, sich auf eine bestimmte Kandidatin für einen Posten zu einigen. Ein bescheidener Erfolg, den sie 1919 verzeichneten, war, dass es möglich wurde, alle Positionen in der ILO und dem Völkerbund grundsätzlich auch mit Frauen zu besetzen. Das war bis dahin unvorstellbar – auch in anderen Bereichen. Dass zum Beispiel der Posten eines Botschafters mit einer Frau besetzt würde, das gab es bis dahin nicht. Schließlich haben die Frauenorganisationen auch versucht, das Verwaltungspersonal und andere Beschäftigten in den Apparaten des Völkerbundes und der ILO persönlich zu beeinflussen. Oder sie brachten offizielle Delegierte dazu, ihre Anliegen vorzutragen.

Wie haben Sie das gemacht?
Sie haben Briefe geschrieben. Wenn die Zuständige für Frauenarbeit im Internationalen Arbeitsamt so viel Post mit ihren Forderungen auf den Tisch bekam, konnte sie beim nächsten Treffen mit dem Verwaltungsrat darauf verweisen und die Dringlichkeit des Anliegens unterstreichen. Damit war, aus der Sicht der Akteurinnen, bereits ein Etappensieg errungen. Auf diese Weise kamen die Organisationen und Komitees der Frauen am weitesten – indem sie ihre Anker in den Institutionen auswarfen. Dann allerdings kam der Mechanismus des Verzögerns und Verwässerns in Gang. Eine Verzögerungstaktik zum Beispiel war, dass man erst einmal eine Erhebung über den Status der Frauen verlangte, bevor man sich daran machen wollte, eine internationale Konvention auszuarbeiten. Es gab damals tatsächlich kaum Daten über die Situation von Frauen in unterschiedlichen Ländern, und schon gar keine international vergleichbaren Daten. Deshalb war die Forderung nach einer empirischen Grundlage streng genommen nicht nur eine Verzögerungstaktik.

Was waren die Inhalte der Überzeugungsarbeit, die die Frauen zu leisten hatten? Ging es um verschiedene politische Ideologien oder Programme? Oder schlicht um einander widersprechende Annahmen in Bezug auf die Wirkung bestimmter Maßnahmen und politischer Instrumente?
Nehmen wir ein Beispiel: Wenn heute eine Fraktion ein Gesetz zum Mindestlohn vorschlägt, dann wird es immer jemanden geben, der dem entgegenhält, dass ein solches Gesetz nur zur Vermehrung von Schwarzarbeit führen würde. Die Seite der Befürworter wird entgegnen: Ob es in der Realität wirklich mehr Schwarzarbeit geben wird oder Löhne tatsächlich steigen, das hängt von den politischen Kräfteverhältnissen ab, von den Kontrollinstanzen und – abhängig von diesen Voraussetzungen – vom Ausgang arbeitsrechtlicher Auseinandersetzungen.

So etwas kann ein echter Streit in der Sache sein. Manchmal aber handelt es sich auch nur um eine bewusste Vernebelungstaktik, die von einer der beiden Seiten eingesetzt wird: Man bezieht Stellung gegen einen politischen Vorschlag, der einem nicht passt, indem man dafür argumentiert, dass die Dinge alle extrem kompliziert und kontextabhängig sind.
In der Politik der Frauenarbeit gab es in der Zwischenkriegszeit einen großen Streit in Bezug auf die Gleichstellungspolitik. Das eine Lager wollte spezielle Schutzmaßnahmen für Frauen einführen oder beibehalten, entweder ganz grundsätzlich oder als einen ersten Schritt hin zu besserem Arbeitsschutz für alle. Die andere Fraktion setzte dagegen auf gleiches Recht für Männer und Frauen in der Arbeitswelt. Das Argument der Gleichheitsbefürworter war: Wenn man frauenspezifische Maßnahmen, wie zum Beispiel den Mutterschutz, installiere, dann führe dies nur dazu, dass Arbeitgeber einfach weniger Frauen einstellten. Ihre Gegner konterten, dass die realen Auswirkungen von frauenspezifischem Arbeitsschutz von den politischen Kräfteverhältnissen abhingen. Die Gleichheitsbefürworter wiederum hielten dieser Kritik entgegen, dass die Kräfteverhältnisse sich nur dann zugunsten der arbeitenden Frauen veränderten, wenn diese den Männern am Arbeitsmarkt gleichgestellt seien.

Gibt es ein politisches Motiv für das Argument der Gleichheitsbefürworter?
Es ist völlig klar, dass die Befürworter der rechtlichen Gleichheit der Geschlechter am Arbeitsmarkt schlichtweg keine Forderung stellen wollten, die nicht nur in der Geschlechterfrage, sondern auch in der Klassenfrage Position bezogen hätte. Aber auch geschlechterspezifische Forderungen, zum Beispiel nach frauenspezifischem Arbeitsschutz oder überhaupt nach Arbeitsschutz, berücksichtigten die Klassenfrage.

Warum keine Forderungen mit Klassenbezug?
In dem Moment, wo eine Organisation oder Gruppe Forderungen in Bezug auf die Geschlechterfrage mit Forderungen verbunden hätte, die auch hinsichtlich Klasse, ‚Rasse' oder globaler Ungleichheit Position bezogen, hätte sich die Zahl jener Frauen verringert, die sie unter ihrem Banner versammeln konnte. Die liberalen Gleichheitsbefürworterinnen der International Alliance of Women oder von Open Door International verzichteten deshalb sehr bewusst darauf, zur Klassenfrage Stellung zu beziehen. Das lässt sich schon allein anhand der Wortwahl bei ihren zentralen Forderungen oder Selbstdarstellungen unzweifelhaft nachweisen. Damit unterschieden sie sich deutlich von den Sozialistinnen und den Gewerkschafterinnen – von denen übrigens manche selbst für Rechtsgleichheit am Arbeitsmarkt eintraten.

Wenn man davon ausgeht, dass einfache und griffige Vorschläge oftmals zum Scheitern verurteilt sind, weil sinnvolle Maßnahmen extrem kontextabhängig sind – wie kann unter diesen Umständen erfolgreiches Lobbying funktionieren?

Aus meinem Forschungsfeld heraus kann ich diese Frage nicht beantworten. Was ich zeigen kann, ist jedoch: Sobald die Frauenbewegung sich ‚tunnelmäßig' nur auf die sogenannte Geschlechterfrage konzentriert, öffnet sie dem Gegner Tür und Tor. Der Gegner wird ihr beispielsweise Geschlechtergleichheit im Arbeitsrecht geben, aber so, dass wir alle – Männer und Frauen – Nachtarbeit leisten müssen. Wenn eine bürokratische Organisation wie die ILO oder eine Frauenorganisation es versäumt, sich auch bezüglich anderer Dimensionen der Ungleichheit explizit zu positionieren, werden die Forderungen der sozialen Bewegungen gegeneinander ausgespielt. Druck in Richtung auf eine substanziell gerechtere oder zumindest erträglichere Gesellschaft kann man nur aufbauen, wenn man genau dies vermeidet. Das ist es, worum es mir geht.

Wie sind Sie überhaupt als Historikerin zum Thema Frauenpolitik gekommen?

Ich komme aus einer linken politischen Szene, Anfang der 1980er Jahre, die alles verändern wollte. Für uns gehörten Frauenbefreiung, Klassenbefreiung und Antiimperialismus zusammen. Und das sind meine drei Themen, bis heute. Wenn ich damals „Frauenbewegung" oder „Frauenbefreiung" sagte, waren die anderen beiden Themen immer mit gemeint. Die Geschichte der Frauenbewegung hat mich interessiert, weil sie zeigt, dass dem historisch eben nicht so war.

Wie kam es dann, dass speziell die frauenpolitischen Organisationen rund um die ILO in der Zwischenkriegszeit zu Ihrem Forschungsgegenstand wurden?

Vor der ILO war eines meiner Themen die Geschichte der Frauenbewegungen vor 1914, insbesondere die Geschichte der ungarischen Frauenbewegung. Mein zweiter Schwerpunkt war und ist das Thema globaler Süden/globaler Norden, also das, was man, als ich eine junge Wissenschaftlerin war, Dritte-Welt-Forschung oder Entwicklungsforschung nannte. Eigentlich wollte ich nach meiner Habilitation über die Frauenbewegung im Ungarn der Habsburgermonarchie weg vom Thema Frauenbewegungen. Aber ich bin dann über eine Episode in der Geschichte gestolpert, wo es unter den Frauenbewegungen in Ungarn und in Österreich zu Auseinandersetzungen darüber kam, ob diese in der internationalen Frauenbewegung separat auftreten sollten oder in einer Art Zwangsgemeinschaft als vereinte Frauenbewegung der Habsburgermonarchie. Hier ging es also um die Beziehungen zwischen Reich, Nation und Ungleichheit im internationalen System – aber mit Blick auf Osteuropa, nicht auf den globalen Süden. Mich hat dann interessiert, wie andere internationale Organisationen mit Disputen zu Vertretungsfragen und mit ungleicher globaler Entwicklung umgehen. Weil ich zur Erforschung der Geschichte der Arbeit beitragen wollte, habe ich begonnen, mich mit der ILO zu beschäftigen. Dabei bin ich erstens rasch darauf gekommen, dass internationale Ungleichheit in der ILO unter anderem in Zusammenhang mit der Frage der Frauenarbeit verhandelt wurde, und dass zweitens die internationalen Frauenorganisationen, was diese Frage betraf, Einfluss auf die ILO zu nehmen versuchten. Und so sind die Netzwerke und Organisationen der Frauen in mein damals neues Forschungsthema zurückgekehrt.

Auf welche Quellen können Sie in Ihrer Forschung zurückgreifen?
Die ILO kann man so etwas wie einen Papiertiger nennen. Sie war ein finanziell gut ausgestatteter internationaler Apparat und hat fast alles gedruckt, was sie gemacht hat, auch viele interne Materialien. Schön ist: Nichts wurde vernichtet, nichts weggebracht. Mittlerweile ist nun alles, was die ILO jemals gedruckt hat, digitalisiert worden und frei zugänglich. Alles andere – Briefwechsel und interne Memoranden – liegt im Archiv in Genf, dem unbürokratischsten, offensten und nettesten Archiv, das ich kenne. Bei den Frauenorganisationen ist die Archivlage weitaus schwieriger. Für die meisten existiert überhaupt kein zentrales Archiv. Beim Internationalen Gewerkschaftsbund ist das nicht anders, und so habe ich die meisten Materialien über die Gewerkschaftsfrauen des IGB im nationalen Archiv des britischen Gewerkschaftsbundes gefunden. Die Idee dazu verdankte ich einem Buch des Historikers Geert van Goethem über die „Amsterdam International", reiste deswegen aufs Geratewohl nach Warwick und wurde tatsächlich fündig – ein echter Glücksfall!

Die Frauen, von denen Sie in Ihrem Essay berichten – wie würden Sie die einordnen: waren das Aktivistinnen?
Bis auf eine Ausnahme kommen die wichtigsten unter ihnen alle von ganz unten. Diese Frauen haben als Fabrik- und als Heimarbeiterinnen begonnen und schon im jungen Alter angefangen, sich in der Gewerkschaftsarbeit zu engagieren. In der Zeit, wo sie in meiner Geschichte auftauchen, sind sie alle schon etwas älter. Sie sind wohlbestallte Gewerkschaftsfunktionärinnen geworden; einige von ihnen haben auch Positionen in politischen Vertretungskörperschaften inne. Ich habe mir sehr genau überlegt, ob ich sie als Aktivistinnen bezeichnen soll. Radikale Aktivisten und Aktivistinnen in den sozialen Bewegungen jener Jahre hätten sie wohl als Bürokratinnen bezeichnet. Andererseits war damals mit der parlamentarischen Vertretung von sozialdemokratischen Parteien oder von sozialdemokratischen Gewerkschaften ein Ethos verbunden, das über die bloße Funktio-

närsarbeit hinausweist. Doch für mich ist das nicht der zentrale Punkt. Entscheidend ist vielmehr, dass die Protagonistinnen meines Essays ganz deutlich innerhalb und außerhalb ihrer Organisationen etwas für die Belange der Frauen erreichen wollten, dass sie sich dafür zum Teil kämpferisch eingesetzt haben, und dass sie über ihr Funktionärs- oder Politikerinnendasein hinaus, Zeit und Energie in dieses Anliegen investiert haben. Man kann also sagen, dass sie so etwas wie Aktivistinnen innerhalb der Gewerkschaften waren.

Sie behaupten, heutige Historiker könnten sich auf konzeptueller Ebene etwas von der Geschichte, die Sie erzählen, abschauen. Was könnte das sein?
Die neue Globalgeschichte der Arbeit sagt: Wir brauchen einen neuen, inklusiveren Begriff der Arbeit. Arbeit ist viel mehr als die Lohnarbeit in den Fabriken. An Sklavenarbeit grenzende oder unfreie Arbeit, prekäre Arbeit, die so genannte Coolie-Arbeit: alle diese Formen der Arbeit waren und sind präsent in der kapitalistischen Wirtschaftsordnung. Es handelt sich nicht um vorübergehende Erscheinungen, die mit fortschreitender wirtschaftlicher Entwicklung verschwinden, sondern um konstitutive Elemente von Arbeit auch im 21. Jahrhundert. Die neue Globalgeschichte der Arbeit sucht und findet die Geschichte dieser anderen Formen der Arbeit in hohem Maße außerhalb von Europa: in Indien, in der Karibik und in den Südstaaten der USA. Die frauenpolitischen Aktivistinnen im Internationalen Gewerkschaftsbund jedoch, die nur auf Europa geschaut haben, beschäftigten sich damals schon mit genau diesen Formen der Arbeit: mit Dienstbotenarbeit, Heimarbeit, mit unbezahlter und halbfreier Arbeit. Sie gehen, genau wie wir heute, davon aus, dass diese Beschäftigungen zentrale Komponenten der Welt der Arbeit sind, auch in Europa. Und sie rücken diese Arbeitsformen ins Zentrum ihres Interesses.

Was bedeutet das für heutige Historikerinnen?
Wir müssen die Vorstellung revidieren, dass die historischen Arbeiterbewegungen immer nur auf die Fabrikarbeit geschaut hätten. Das ist das eine. Das andere: So, wie die Frauenbewegungen in der Zwischenkriegszeit beispielsweise über den Zusammenhang zwischen unbezahlter Arbeit auf der einen Seite und der Situation der Frauen in den Fabriken auf der anderen Seite diskutiert haben – damit können wir auch heute noch etwas anfangen. Mir ist es speziell aus diesem Grund ein echtes Anliegen, dass auch die Quellen, mit denen ich arbeite, in meinen Publikationen ausführlich wiedergegeben werden.

Eine private Frage zum Schluss: Wie kommen Sie, als gebürtige Deutsche, zu diesem englischen Vornamen?

Ich habe eine große Schwester: Bärbel Eva. Danach hatte meine Mutter noch ein Mädchen zur Welt gebracht: Petra Susanne. Damit, so geht die Familienmär, waren alle Mädchennamen, die für meine Eltern in Frage kamen, vergeben. Und ein drittes Mädchen war auch nicht eingeplant. Dann kam ich. „Schon wieder ein Mädchen" hatten meine Eltern in meiner Geburtsanzeige geschrieben. Das war gar nicht böse gemeint. Weil es eine „Susanne" schon gab, haben sie mich dann „Susan" genannt. Und damit es stimmig war, haben Sie dem noch „Carin" hinzugefügt, mit „C". Mein kleiner Bruder hieß dann wieder ganz normal Jochen Martin, und er und ich haben uns nicht nur einmal über die Zusammenhänge amüsiert, aber das ist, leider, lange her.

Susan Zimmermann 3

Lebenslauf Susan Zimmermann

Susan Zimmermann arbeitet als Professorin an der Central European University (CEU, Institut für Geschichte und Institut für Gender Studies).

Im akademischen Jahr 2002/03 war sie Fellow am Wissenschaftskolleg zu Berlin.

Seit 2014 ist sie Präsidentin der Internationalen Tagung der HistorikerInnen der Arbeit und anderer sozialer Bewegungen (ITH).

An der CEU leitete sie gemeinsam mit Marsha Siefert die Forschungsinitiative „Labor History for the 21st Century in a Global Perspective". Ziel war es, einen Beitrag zur Entwicklung der Arbeitsgeschichtsforschung im Großraum Osteuropa zu leisten und diese in die transeuropäische und globale Arbeitsgeschichte einzubetten.

In ihrer Forschungsarbeit zur internationalen Politik der Frauenarbeit in der Zeit zwischen den Weltkriegen beschäftigt sie sich mit der Geschlechterpolitik des Internationalen Gewerkschaftsbundes, mit der Internationalen Arbeitsorganisation (ILO) und mit verschiedenen internationalen Frauennetzwerken. Zielsetzung ist es zu zeigen, wie sich Strategien der Besser- und Gleichstellung von Frauen mit Fragen der Klassenpolitik, der globalen Ungleichheit und der Behandlung der sogenannten ‚native workers' vermengten.

Seit 2020 leitet sie das fünfjährige Forschungsvorhaben „ZARAH: Women's Labour Activism in Eastern Europe and Transnationally, from the Age of Empires to the Late 20th Century" (ERC Advanced Grant, https://gender.ceu.edu/zarah-womens-labour-activism). In diesem Rahmen erforscht sie die Geschichte des Netzwerkes von Gewerkschafterinnen im staatssozialistischen Ungarn sowie die staatssozialistische Politik der Frauenarbeit, an deren Entwicklung die Gewerkschafterinnen einen wichtigen Anteil hatten.

Susan Zimmermann verbrachte 2016/17 ein akademisches Jahr am Forschungskolleg IGK „Arbeit und Lebenslauf in globalgeschichtlicher Perspektive" (re:work) und forschte zu dem Thema „Women and Trade Unions in Europe and Internationally, 1920s to 1980s".

Publikationen (Auswahl)

„Framing Working Women's Rights Internationally. Contributions of the IFTU Women's International". In *The Internationalisation of the Labour Question. Ideological Antagonism, Workers' Movements and the ILO since 1919*, herausgegeben von Stefano Bellucci und Holger Weiss, 95–117. Cham: Palgrave Macmillan 2020.

„Globalizing Gendered Labour Policy. International Labour Standards and the Global South, 1919–1947". In *Women's ILO. Transnational Networks, Global Labour Standards and Gender Equity, 1919 to Present*, herausgegeben von Eileen Boris, Dorothea Hoehtker und Susan Zimmermann, 227–254. Leiden: Brill 2018.

mit Adrian Grama. „The Art of Link-Making in Global Labour History. Subaltern, Feminist and Eastern European Contributions." *European Review of History/Revue européenne d'histoire* 25, Nr. 1 (2018): 1–20.

„The International Labour Organization, Transnational Women's Networks, and the Question of Unpaid Work in the Interwar World." In *Women in Transnational History. Connecting the Local and the Global*, herausgegeben von Clare Midgley, Alison Twells und Julie Carlier, 33–53. Abingdon, Oxon: Routledge 2016.

„The Politics of Exclusionary Inclusion. Peace Activism and the Struggle on International and Domestic Political Order in the International Council of Women, 1899–1914". In *Paradoxes of Peace in Nineteenth Century Europe*, herausgegeben von Thomas Hippler und Milos Vec, 189–215. Oxford: Oxford University Press 2015.

Divide, Provide, and Rule. An Integrative History of Poverty Policy, Social Policy, and Social Reform in Hungary Under the Habsburg Monarchy. Budapest: Central European University Press 2011.

„The Long-Term Trajectory of Antislavery in International Politics. From the Expansion of the European International System to Unequal International Development." In *Humanitarian Intervention and Changing Labor Relations. The Long-Term Consequences of the Abolition of the Slave Trade*, herausgegeben von Marcel van der Linden, 431–96. Leiden: Brill 2011.

Grenzüberschreitungen. Internationale Netzwerke, Organisationen, Bewegungen und die Politik der globalen Ungleichheit vom 17. bis zum 21. Jahrhundert. Wien: Mandelbaum 2010.

Die bessere Hälfte? Frauenbewegungen und Frauenbestrebungen im Ungarn der Habsburgermonarchie 1848 bis 1918. Wien und Budapest: Promedia Verlag und Napvilág Kiadó 1999.

Prächtige Armut. Fürsorge, Kinderschutz und Sozialreform in Budapest. Das „sozialpolitische Laboratorium" der Doppelmonarchie im Vergleich zu Wien 1873–1914. Sigmaringen: Thorbecke 1997.

re:work Impressionen 2

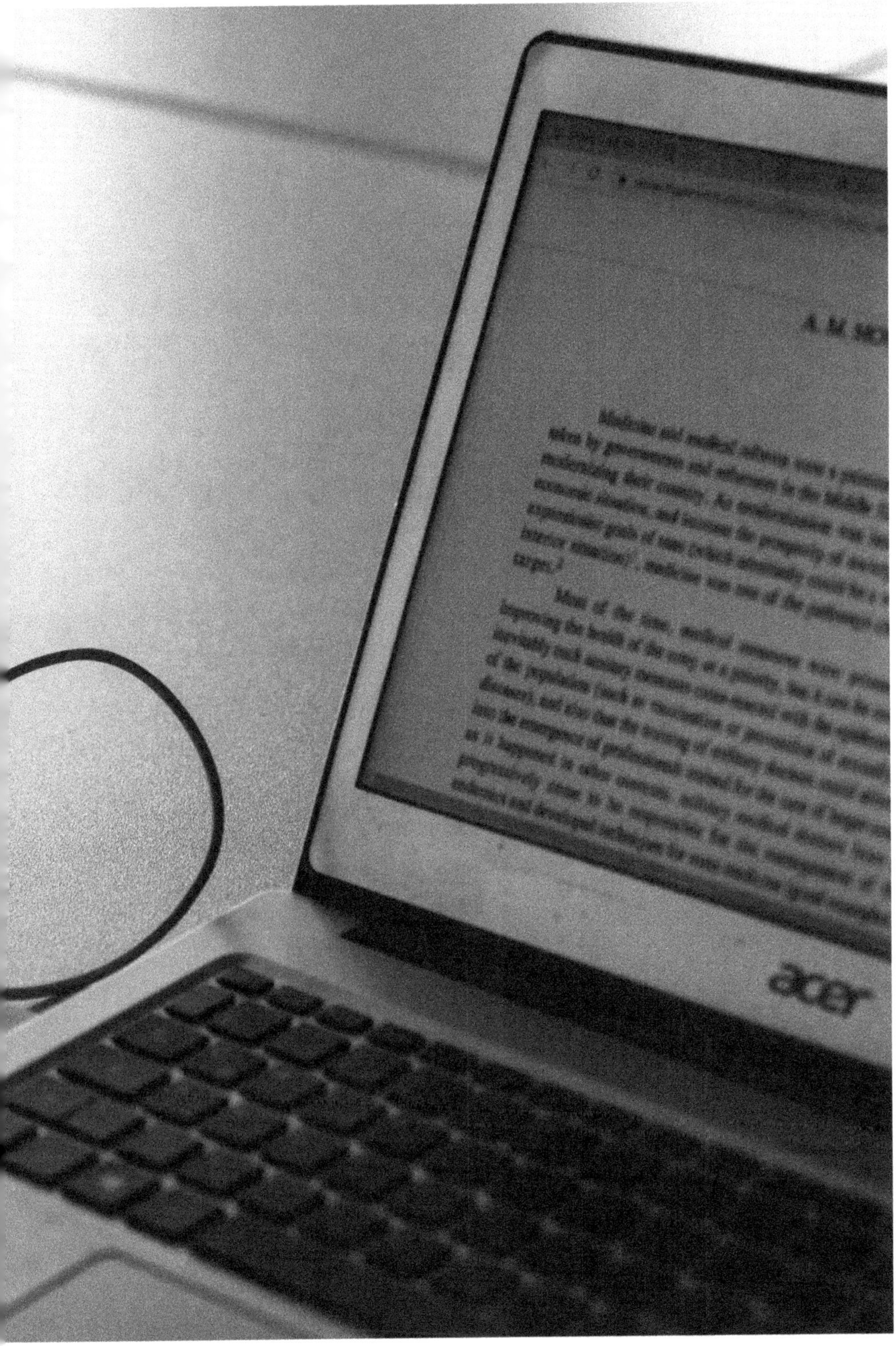
acer

ReM ReM Club – Remember Re:work Members

Der ReM ReM Club ist eine Initiative des Käte Hamburger Kollegs „Arbeit und Lebenslauf in globalgeschichtlicher Perspektive" an der Humboldt-Universität zu Berlin, kurz re:work.

ReM ReM steht für „Remember Re:work Members".

Der ReM ReM Club ist in erster Linie ein Alumni Verein und mit dem Zweck gegründet, um einen Austausch mit aktiven und ehemaligen re:work Fellows zu ermöglichen, gemeinsame Ideen zu entwickeln und umzusetzen.

Der Verein lebt durch die Ideen und Beiträge seiner Mitglieder.

Sämtliche Spenden werden zu 100 Prozent für re:work-nahe Aktivitäten verwendet, wie zum Beispiel Workshops, Publikationen, thematische Exkursionen und kulturelle Veranstaltungen.

Wir sind für jede finanzielle Unterstützung dankbar!

Spendenkonto:
IBAN: DE09 1001 0010 0889 0081 06
SWIFT/BIC: PBNKDEFF
Postbank Hamburg

Der ReM ReM Club e.V. ist vom Amtsgericht Berlin (Charlottenburg) als gemeinnützig anerkannt. Spendenbescheinigungen können ausgestellt werden.

Sie wollen Mitglied werden? Bitte schreiben Sie uns: info@remember-rework.de

Weitere Informationen finden Sie hier: http://remember-rework.de

* * *

ReM ReM Club – ReMember Rework Members e.V.
Georgenstr. 23
D – 10117 Berlin

Steuernummer: 27 676 / 51430
Vereinsregisternummer: VR 34517

Käte Hamburger Kollegs

Im Jahr 2007, dem Jahr der Geisteswissenschaften, startete das deutsche Bundesministerium für Bildung und Forschung (BMBF) die Initiative „Freiraum für die Geisteswissenschaften". Sie bot neue Möglichkeiten, geisteswissenschaftliche Leistungen auf nationaler und internationaler Ebene sichtbar herauszustellen und voranzutreiben. Zwischen 2007 und 2011 wählte ein internationales Expertengremium neben re:work neun weitere Käte Hamburger Kollegs zu folgenden Themen:

Internationales Kolleg für Kulturtechnikforschung und Medienphilosophie (Bauhaus-Universität Weimar)

Verflechtungen von Theaterkulturen (Freie Universität Berlin)

Schicksal, Freiheit und Prognose. Bewältigungsstrategien in Ostasien und Europa (Friedrich-Alexander-Universität Erlangen-Nürnberg)

Morphomata. Genese, Dynamik und Medialität kultureller Figurationen (Universität zu Köln)

Rachel Carson Center für Umwelt und Gesellschaft (Ludwig-Maximilians-Universität München)

Imre Kertész Kolleg: Europas Osten im 20. Jahrhundert: Historische Erfahrungen im Vergleich (Friedrich-Schiller-Universität Jena)

Dynamiken der Religionsgeschichte zwischen Asien und Europa (Ruhr-Universität Bochum)

Recht als Kultur (Universität Bonn)

Politische Kulturen der Weltgesellschaft/Centre for Global Cooperation Research (Universität Duisburg-Essen)

Buchreihe
Work in Global and Historical Perspective

The series *Work in Global and Historical Perspective* is edited by Andreas Eckert (Humboldt University of Berlin), Mahua Sarkar (Binghamton University), Sidney Chalhoub (Harvard University), Dmitri van den Bersselaar (Leipzig University), and Christian De Vito (University of Bonn).

Work in Global and Historical Perspective is an interdisciplinary series that welcomes scholarship on work/labour that engages a historical perspective in and from any part of the world. The series advocates a definition of work/labour that is broad, and especially encourages contributions that explore interconnections across political and geographic frontiers, time frames, disciplinary boundaries, as well as conceptual divisions among various forms of commodified work, and between work and 'non-work'.

Edited by Andreas Eckert
GLOBAL HISTORIES OF WORK

Volume 1
2016, ca. 250 S.
HC € 69.95 [D] /
RRP US $ 98.00 /
RRP £ 52.99
ISBN 978-3-11-044233-5

Nitin Varma
COOLIES OF CAPITALISM
Assam Tea and the Making of Coolie Labour
Volume 2
2016, ca. 270 S.
HC € 69.95 [D] /
RRP US $ 98.00 /
RRP £ 52.99
ISBN 978-3-11-046115-2

Edited by Mahua Sarkar
WORK OUT OF PLACE

Volume 3
2017, ca. 250 S.
HC € 69.95 [D] /
RRP US $ 98.00 /
RRP £ 52.99
ISBN 978-3-11-029284-8

Adrian Grama
LABORING ALONG
Industrial Workers and the Making of Postwar Romania

Volume 4
2018, approx. 281 pp., 14 fig.
HC € [D] 73.95 /
RRP US $ 85.99 /
RRP £ 67.00*
ISBN 978-3-11-060233-3

Edited by Felicitas Hentschke, James Williams
TO BE AT HOME
House, Work, and Self in the Modern World

Volume 5
2018, 279 pp., 46 4c images.
HC € 39.95 [D] /
RRP US $ 45.99 /
RRP £ 36.50
ISBN 978-3-11-057987-1

Ju Li
ENDURING CHANGE
The Labor and Social History of One Third-front Industrial Complex in China

Volume 6
2019, approx. 182 pp., 9 fig.
HC € 95.95 [D] /
RRP US $ 110.99 /
RRP £ 87.00
ISBN 978-3-11-062676-6

re:work Impressionen 3

www.ingramcontent.com/pod-product-compliance
Lightning Source LLC
Chambersburg PA
CBHW052135010526
44113CB00036B/2263